Friedrich J. Meyer

Fragmente aus Paris im IVten Jahr der französischen Republik

Friedrich J. Meyer

Fragmente aus Paris im IVten Jahr der französischen Republik

ISBN/EAN: 9783744613729

Hergestellt in Europa, USA, Kanada, Australien, Japan

Cover: Foto ©ninafisch / pixelio.de

Weitere Bücher finden Sie auf **www.hansebooks.com**

FRAGMENTE AUS PARIS

IM IV ten JAHR

DER FRANZÖSISCHEN REPUBLIK

VON

FRIEDRICH JOHANN LORENZ MEYER Dr

DOMHERRN IN HAMBURG

HAMBURG

BEI KARL ERNST BOHN

1797

In den Jahren 1783 und 1784, war ich das erstemal in Paris. — Ich begleitete im vorigen Jahre meinen Freund, Herrn *Georg Heinrich Sieveking*, als hamburgischem Deputirten an das Vollziehungs - Direktorium der französischen Republik, dahin, und zähle diese zweite Reise nach Paris, zu einem der mir interessantesten Abschnitte meines Lebens.

Merkwürdig in tausend Rücksichten, ist der Abstand der Zeit meines ersten, von dem Zeitpunkte meines zweiten Besuchs der Hauptstadt Frankreichs. Er bietet dem Philosophen und Menschenkenner einen reichen Stoff zu Vergleichungen und mannigfaltigen Beobachtungen dar. — Mehr aber mit der Gegenwart als mit der Vergangenheit beschäftiget, wandte ich vorzüglich auf die erstere meine Aufmerksamkeit; und diese Fragmente enthalten einige Resultate meiner hierüber gemachten Beobachtungen und Erfahrungen.

Die in Paris verlebten genußvollsten Stunden verdanke ich den vielen wichtigen neuen literarischen Anstalten daselbst, und meinem täglichen Umgange mit verdienstvollen Gelehrten und mehrern Mitgliedern der gesetzgebenden Versammlungen, welche dieser achtungswürdigen Klasse französischer Bürger angehören. — In den erstern fand ich eine neue Welt, eine wiedererwachende Schöpfung des Genies, voll Schönheit, Weisheit, entstehender Ordnung, und kraftvoller Thätigkeit für das Gemeinwohl. Lehrreich waren mir meine Verbindungen mit den letztern; und mit froher Rückerinnerung, mit Dank, und mit den Empfindungen der achtungsvollsten Freundschaft für diese Männer, schrieb ich in den folgenden Blättern, besonders die Abschnitte nieder, welche diesem Gegenstande meiner schönsten Erfahrungen in Paris gewidmet sind.

———

Ihre Erinnerung, mein theurer *Sieveking*, an unsre gemeinschaftliche, uns denkwürdige Reise, umfaßt andre wichtige Erfahrungen, von welchen in diesen Fragmenten nicht die Rede sein kann. — Auch die meinige hängt, mit innigem Wohlgefallen, noch an einem Gegenstande, der auf dieser Reise mir, für immer herzerhebende Empfindungen weckte: an dem Bilde des reinsten Patriotismus. Dieses Ideal, das längst vor

meiner Seele schwebte, fand ich durch
Sie, durch Ihre, mit Aufopferung und
freiwilligem Verzicht auf andern, uns so
vielfach dargebotnen Genuſs, verbundnen angestrengten Arbeiten, und unei-
gennützigen Bemühungen, für das Wohl
unserer freien und glücklichen Vater-
stadt, realisirt. — Das stille Selbstgefühl, diese lohnende Frucht Ihres eignen Bewuſstseins, kann nur meine innige
Freundschaft für Sie, Ihnen nicht be-
neiden. Hamburg, im März 1797.

Inhalt des ersten Theils.

*

Es schlug Eins, als wir in der Nacht des 11ten *Germinal* (31ten März 1796) in Paris hineinfuhren. Menschenleer, wie ausgestorben, waren die Gassen. Der scharfe Trab unserer Pferde und das Rollen des Wagens auf dem ebnen Pflaster, brach allein das tiefe nächtliche Schweigen. Über uns stralte der Schein der Leuchten herab. Paris schlief, — selbst bis auf die Wächter an den Barrieren; wir wurden nicht angehalten.

In dem prächtigen Gasthofe *Maison Grange Bateliére*, einst das Haus des Pariser Parlementspräsidenten *Pineau*, jetzt von einem vormaligen Schneider der Königin in einen Gasthof verwandelt, trat ich am nächsten Morgen ans Fenster, um das erwachte republikanische Paris zu sehen, so wie ich einst das königliche Paris im lärmenden Taumel

A

oft erwachen sah: und mein Blick fiel auf den großen Garten des Hauses, einen weiten Blumengrund, umgeben von Baumgängen und labyrinthischem Gebüsche. Für jetzt war mir die ländliche Aussicht unwillkommen. Ich wollte Paris sehen. — Wohlthätig aber ward mir in der Folge der stille Überblick des Gartens, im Mittelpunkt der geräuschvollen Stadt, vor meinem Fenster, wie er am Frühmorgen, oder bei einbrechender Nacht, im Feierkleide des Frühlings da lag, und Nachtigallengesang zu mir heraustönte.

Pafsberichtigung. Sicherheitskarte.

———⌒∞⌒———

Herr *Poujol*, leicht ein befsrer Gastwirth,
als republikanischer Bürger, dem man es
bald ansah, dafs ihm die Anrede » *Citoyen* »
als der abgeschmackteste Ton schlechter Gesellschaft klang, erinnerte uns schon am
ersten Tage unsrer Ankunft, an unsre Pflicht
als Fremde, unsre Pässe berichtigen, und
sie gegen Fremdenkarten austauschen
zu lassen. Eine kurz vorher erschienene
scharfe Polizeiverfügung hielt die Gastwirthe
dazu an; diesen sieht es sonst nicht ähnlich,
dafs sie ihre Fremden an Gelebung irgend
eines republikanischen Gesetzes erinnern.
Dies Gesetz befahl jedem Fremden, bei der
Erscheinung auf der Pariser Munizipalität,
zwei gute Bürger als Zeugen zur Seite zu
haben. Unsrer waren mit dem Bedienten
fünf, und folglich zehn Zeugen nöthig. —
Dies ward dem Wirth von uns erinnert. »Sein
Sie ruhig, » antwortete unser Mann mit zu-
versichtlicher Miene, »ich bin Ihnen genug. »

Der *ci-devant* Mann des Hofes, Bürger *Poujol*, stellte sich, als die moralische Person — von z e h n g u t e n B ü r g e r n, der Munizipalität dar, um den Bürgersinn seiner Begleiteten zu bezeugen, — und ward dafür angenommen.

Bei dem besten Willen sich in das Polizeigesetz zu fügen, ist nichts unbehaglicher in Paris, so wie in allen bis dahin passirten Haupt- und Landstädten Frankreichs, als dieser offizielle Besuch bei den Munizipalitäten. Säuische Unreinlichkeit bis zum höchsten Ekel, und ein erstickender mephitischer Gestank, herrscht in den Gängen, Vorsälen und in ihren Büreau's; und dabei die krasseste Unwissenheit, wohl gar im Lesen und Schreiben, und das allerschmutzigste Äufsre der Munizipalitätsbeamten, ein gänzlicher Mangel an Kenntnifs, selbst des Mechanischen ihres Geschäftes. In solchen Eintrittszimmern und von solchen Menschen wird der Fremde empfangen: glücklich genug, wenn er nur einige Stunden dabei verliert; denn nur zu oft wird man, ein Opfer dieser Unregelmäsigkeiten, von einem Büreau in ein anderes, und von diesem wieder zurückgeschickt,

während die Leute mit einander zanken und
schelten, von wem? und wie? das Geschäft
zu reguliren sei. Damals veranlaßte die neue
weitläuftige Polizeiorduung für die Fremden
diese Widersprüche, und es erforderte Zeit,
bis die Leute die ganze Verordnung herun-
ter zu buchstabiren, und sich an die neue
Einrichtung zu gewöhnen lernten.

Nicht viel ordentlicher und menschlicher,
als in den Departementern, war im Ganzen
das Verwaltungspersonale in Paris. In dem
Büreau unserer Sekzion *du Mont blanc*, wohin man uns zur Paßvisirung zuerst führte,
fanden wir die bisher gewohnte Unreinlichkeit der Gemächer und Menschen wieder.
Anständiger war das zweite Büreau, wo die
Pässe noch einmal unterschrieben und ge-
stempelt wurden. Die Beamten waren hier
gesitteter und in ihrem Kostume, mit der
dreifarbigen Schärpe, bekleidet. Dann ging
es zum Zentralbüreau von Paris, im Gemeindehause, dem vormaligen Justizpallast, und
hier passirten wir noch durch drei Büreau's,
zum Nachsehen, Unterschreiben — und endlich zur Protokollirung und Abgabe der Pässe
selbst, die nun gegen eine **Fremden**-

karte, dieses Palladium der Sicherheit in
Paris, eingetauscht wurden. Zum Beweise
seiner Länderkenntnifs, fragte uns in diesem
Büreau einer der Sekretaire, als er in den
Pässen unsern Geburtsort **Hamburg** sah:
ob Hamburg nicht eine Handelsstadt sei, und
ob man dort auch deutsch rede? Gleichwohl
fragte er **deutsch**, und mit dem Zusatze, er
selbst sei mehrere Jahre in Deutschland gewesen! Man würde bei diesem sonderbaren
Widerspruche, die Frage für Satyre gehalten
haben, wenn der Mann selbst darnach aus-
gesehen, und wir nicht schon viele ähnliche
Beispiele der groben Unwissenheit dieser Beamten gehabt hätten.

Dieses letztere Geschäft der Ausfertigung
der Karten dauerte nun noch anderthalb
Stunden, und zwar in dem ekelhaftesten Ge-
mach von allen, die wir bisher betreten hatten, mit schwarz berauchten Wänden, durch
Koth und Staub verfinsterten Fenstern, stei-
nernem Fufsboden, woran die Fülse klebten,
Bänken mit Unrath und Auswurf bedeckt —
und eine verpestete Katakombenluft. Eine
gröfsere Quaal des Wartens habe ich nie aus-
gestanden, als in diesem scheufslichen Büreau.

Um einen Moment frische Luft zu schöpfen,
ging ich zur Thür hinaus; und Ketten rassel-
ten, Gewehre klirrten mir in dem dunkeln
Gange entgegen. Ich wich zurück; das Ge-
rassel folgte mir. Zwei gefesselte Verbrecher
traten, von Wache begleitet, mit mir zugleich
in das Zimmer. Was sollen die hier, wo
Sicherheitskarten ausgegeben werden?
fragte ich einen der zerlumpten Assistenten.
»Beunruhigen Sie sich nicht, war die Antwort; es sind Mörder und Strafsenräuber, die
hier neben an sogleich ihr Todesurtheil empfangen werden.« Sie wurden abgeführt —
und am folgenden Tage guillotinirt. Mörder
und Strafsenräuber in Fesseln! Fürwahr eine
derbe Versinnlichung der öffentlichen Sicherheit, die dem Fremden, in dieser Gesellschaft
und im Vorzimmer des peinlichen Gerichts
selbst, garantirt werden soll. — Es ist un-
erhört, wie man diese Unregelmäfsigkeit gestatten, und wie die republikanische Hospi-
talität den ankommenden Fremden solche
scheufsliche Aufnahmeorte bestimmen kann,
die für immer einen abschreckenden Eindruck hinterlassen!

Ansicht der Gassen.

—∞—

Der Gassenlärm in Paris, dem *Boileau* eine
Satyre sang, und der so oft, nicht ohne
Übertreibung, beschrieben ward, ist nicht
mehr, und auffallend war mir dieser Abstand
von den vorigen Zeiten. ₐ) Da wo sonst
der Fußgänger von dem Menschengedränge
fast erdrückt, von Pferden, Kabriolets, Kutschen und Karren niedergerennt und zertreten, oder, wenn man dieser Gefahr ent-
ging, wenigstens mit Koth übergossen ward;
in den volkreichsten Gassen, *Dauphine,*
Montmartre, *Honoré*, *Denis* und *de la Loi*,
(vordem *Richelieu*) geht man jetzt sehr gemächlich und sicher. Wenn man ehemals
auf einem halbstündigen Wege im Wagen,
oft zwei Stunden verlor, weil die ungeheure

—————————————

ₐ) Hier, so wie überhaupt, rede ich in diesen Fragmenten, von Paris, wie ich es fand, und nicht,
wie es bei dem ewigen Wechsel, vielleicht bald
nach mir wieder geworden ist, oder wieder werden
wird.

Menge der Fuhrwerke sich in einander verwickelt hatte, und des Zanks und Geschreies
der Kutscher und Fuhrleute kein Ende ward;
so findet man jetzt, selbst in engen Gassen,
keinen bedeutenden Aufenthalt. Als ich
eines Tages, im Winter 1784, über den *Pont-
neuf* fuhr, und mein Wagen nach dem *Quai
de Conty* umbog, stürmte der wilde Herzog
von Orleans in seinem vierspännigen Phaëton
hinter mir nach der Strafse *Dauphine* mit
solcher Gewalt vorbei, dafs mein Wagen
von dem seinigen an den Rädern gepackt, und
mit fürchterlicher Heftigkeit auf das Pflaster
hingeschleudert ward, wobei ich zwar mit
einer leichten Quetschung davon kam, mein
Kutscher und Lohnbedienter aber durch den
Umsturz stark beschädigt wurden. Solche,
damals häufige Vorfälle, begegnen einem
jetzt nicht mehr; und jene Übermüthigen
sind verschwunden, — die gleichgültig zusehen konnten, wenn ein Mensch von ihren
Pferden zertreten ward.

In der, eine halbe Stunde langen Gasse
de la Loi, vordem eine der belebtesten,
wegen der Theater, Gasthöfe und des *Palais
royal,* begegneten mir, in einer sonst unru-

higen Nachmittagsstunde, aufser den dort in
zwei Kolonnen haltenden Fiackern, nur zwanzig Fuhrwerke, nämlich acht Fiacker mit hin-
kenden Pferden, neun ziemlich gute Cabrio-
lette und drei eigne Kutschen. Das war gewifs nicht der zwanzigste Theil von den
Fuhrwerken, die man sonst in dieser Gasse
sah. Von Fufsgängern war sie immer zwar
ziemlich belebt, aber nie voll, und vielwe-
niger gedrängt. Es hatte einige Tage gereg-
net; demungeachtet war das Pflaster sehr
gangbar, da man sonst nach halbstündigem
Regen, bei der Menschenmenge, nur gestie-
felt durchwaten konnte. Man sah keine eigne Fuhrwerke, die sich durch Geschmack,
Pracht und Schönheit auszeichneten; die der
fremden Gesandten ausgenommen. Sehr
einfach sind die Kutschen der Direktoren
und Minister, wenn sie in Amtsgeschäften, in
ihrem Kostume gekleidet, nicht anders als
fahren können.

Auch Livreebediente hatten nur die fremden Gesandten — und in einigen Gegenden
der Vorstädte erregte es sogar noch Aufmerksamkeit, wenn ein Fremder mit einem
Lohnbedienten auf der Kutsche, vorbei fuhr.

Die Starken der Halle und Lastträger dro-
heten wohl gar mit der geballten Faust in
den Wagen hinein. Aber auch diese barba-
rischen Vorstädte werden täglich zahmer und
toleranter gegen solche sich nun wieder ver-
mehrende Erscheinungen; und in andern,
von jeher weniger verwilderten Gegenden der
Stadt, ist man schon längst von dem Vorurtheile gegen diese äufsern Zeichen der bür-
gerlichen Ungleichheit zurückgekommen. —
Auffallend waren die plötzlichen Ände-
rungen in dem Equipagenwesen, zwei Monate
nach meiner Ankunft in Paris. Mit dem
Verschwinden des Papiergeldes und der Wiedergeburt der klingenden Münze, erschienen
von Tage zu Tage mehr und geschmackvollere
Fuhrwerke, schöne Reitpferde, Livreen, Jo-
keys, besonders bei öffentlichen Spazierfahr-
ten, auf den Boulevards, in den Elysäischen
Feldern, und im Boulogner Wäldchen. Der
Aristokratismus des Reichthums zeigte sich
wieder durch wildes Jagen der Reuter und
Kabriolette, und die Polizei eiferte schon
gegen diese wieder aufkeimenden Unordnun-
gen, in nachdrücklichen und ziemlich wirk-
samen Verordnungen.

Das Selbstkutschieren der Damen ist
herrschende Mode. In ihren Kabriolctten
stürmen die fröhlichen jungen Republikane-
rinnen — wenn man sie so benennen kann,
diese Mädchen der Freude, die sich selbst
der Maske des Republikanismus schämen —
im Negligee und im Putz, mit grofser Geschicklichkeit im Leiten und Wenden, allein
oder zu zwei, durch die Gassen. Sie fahren
selbst, wenn ihnen gleich ein Mann zur Seite
sitzt, der nun, mit Ergebung in den weiblichen Aristokratismus, zusehen mufs, wie seine Gebieterin den entwandten Zügel regiert,
und die Peitsche über ihn schwingt.

Die Zahl der zudringlichen Bettler, der
wie Baumwurzeln verwachsnen Gestalten und
Misgeburten, der von Ungeziefer und Seu-
chen zerfrefsnen scheufslichen Krüppel, in
den Gassen, auf den Boulevards und Brük-
ken, fand ich, wenn gleich sie nicht ganz in
dem Gassengemälde von Paris fehlten, im
Vergleich mit den vorigen Zeiten, doch sehr
vermindert, und gerade damals, als in den
deutschen Zeitungen noch immer schauder-
hafte Szenen von von Hunger und Krankheit
aufgeriebenen, an den Strafsen verschmach-

tenden Unglücklichen ausgestellt wurden.
Nie habe ich dieses fürchterliche Geschrei
um Brod gehört, und bin nie von einem
Bettler um Brod, wohl aber, als das Papier so
tief im Werth fiel, mit bescheidner Freundlichkeit, um einen Sou angesprochen worden.

Das Rechnungssystem beschäftigte, als die
Assignate noch im Umlauf waren, den grofsen Volkshaufen am meisten. Handlanger,
Träger, Fiaker, bestimmten sich nach dem
Tageswerth des Papiers ihre Preise in über-
triebnen Verhältnissen. Wenn die Fiaker
am Morgen in den Strafsen anrückten, und
der Letzte sich der Kolonne der übrigen an-
schlo s, war sein erster Zuruf an seinen
Vorgänger: *Combien?* (das hiefs: wieviel gilt
der Louisd'or?) Die Frage ging, wie ein Lauf-
feuer, durch die ganze Reihe, bis zu dem
ersten Fiaker hinauf. Dieser setzte den Kurs
fest, und die einsilbige Antwort kam eben
so zurück: *cinq - six - huit* (nämlich fünf-
sechs - achttausend) und so war der Kurs-
zettel der Fuhrpreise des Tages gemacht.

Wie die Assignate gegen Mandate ausge-
wechselt wurden, war überall im Handel und
Wandel nicht mehr von Bezahlung im Papier

die Rede. Man forderte Geld, und übermäfsige, selbst vor der Revoluzion unerhörte Preise.

Unverändert, bei allen Veränderungen so vieler im Vergleich voriger Zeiten umgewandelt sich mir darstellenden Gestalten, fand ich bei meinen Wanderungen durch die Pariser Gassen, die karakteristische, zuvorkommend höfliche Begegnung der Fremden, in Antworten und Zurechtweisungen; die die niedern Volksklassen der Pariser von jeher auszeichnete. Man fragt nach einer vielleicht noch weit entlegenen Gasse, einen Krämer oder Handwerker, und er läfst, als würde ihm eine grofse Belohnung verheifsen, alles stehen und liegen, kriecht hinter seinem Tisch oder aus seiner Bude hervor, tritt in die Mitte der Gasse, und giebt, mit einer Beflissenheit, wie wenn sein Dasein davon abhinge, die genauesten Nachweisungen: »*Citoyen,* heifst es in seiner gutmüthig freundlichen und lakonischen Sprache: »*prenez-moi cette rue jusqu'au bout; puis tournez à droite et à gauche, et vous tomberez dans votre rue, qui vous fera face.* b)»

---

b) Nehmet mir diese Gasse bis ans Ende; dann wen-

Dabei werden alle Gefahren der Verirrung
vorgestellt, — ein Vorübergehender mischt sich
in das Gespräch, tadelt, verwirft, verbessert
die Nachweisung durch den Vorschlag eines
kürzern Weges. — »*Allons donc*» ruft dort
ein Dritter, »*quel embarras! Venez, citoyen,
c'est mon chemin, je vous accompagne-
rai.* c)»

Einst war mir von einer Krämerin vor
ihrer Bude mein Weg, wonach ich fragte,
vorgeschrieben: ich folgte, obgleich der Ton
ihrer Nachweisung eigne Ungewißheit zu
verrathen schien. Am Ende der zweiten
Gasse, als ich eben in die zur Linken hin-
einfallen wollte, rief eine Stimme hinter
mir: »*elle vous a trompé, citoyen, il faut
tourner à droite, voilà votre rue.* d)»

Ich wandte mich. Ein wohlgekleideter
Mann schien, um den Irrthum zu verbessern,
mir ausdrücklich gefolgt zu sein; er kehrte,

---

det rechts, und links, und gerade vor euch liegt
dann eure Gasse.
c) Ei, was für Weitläufigkeit! kommt mit mir; es
ist mein Weg auch; ich will euch begleiten.
d) Sie hat euch unrecht berichtet; rechts wendet
euch, das ist dort eure Gasse.

ohne meinen Dank zu erwarten, wieder seine
Strafse zurück.

Beim Einbruch der Nacht, sind besonders
die entlegnen Gassen, wie sie es immer waren, höchst unsicher für Fufsgänger. Das
Geschrei *Au voleur! on m'assassine!* e) hörte
ich einigemal in der Mitternachtsstunde aus
entlegnen Gassen hinter meinem Zimmer
fürchterlich herüberschallen. Die Frechheit
der französischen *Highwaymen* wagte sich
sogar in den Vorstädten an Fuhrwerke, die,
vorher ausgekundschaftet, des Weges kamen,
und wir wurden bey unsrer Abreise von
Paris, die in der Nacht angesetzt war, selbst
von einem der Staatsminister gewarnt, sie,
wegen Unsicherheit in den Vorstädten, bis
zum Anbruch des Tages zu verschieben.

Die meisten Auftritte auf den Gassen, die
unsre deutschen Journalisten in ihrer Über-
treibungssucht, uns als mörderisch oder wenigstens als blutig darstellen, sind an sich
selbst nichts weniger als bedeutend, und
werden, wenn sie wirklich vorfallen, von
der höchstwachsamen Polizei gleich bei ihrem

---

e) Diebe! Mörder! —

Entstehen gestört. Dahin gehörten damals
die vorgeblichen Rottirungen auf den Gassen
gegen die Kleinhändler, zur höhern Annahme
von Assignaten und Mandaten. Ein Vorübergehender behandelt etwas in einer Bude
an der Gasse, man ist wegen des Kurses der
Assignate uneins, spricht laut; — da sammelt sich dann ein kleiner Hauffen Neugieriger, Agioteure u. dergl., und sie debattiren
den Fall unter sich. Die Versammlung wird
gröfser, und nun erscheint die Wache, um
sie, nach der Polizeiverordnung, die keine
solche Gruppen duldet, auseinander zu treiben, und jeder geht ruhig seinen Weg. Ich
bin oft, besonders auf dem *Pont - neuf,* Zeuge
solcher unbedeutenden Vorfälle gewesen,
und fand sie nachher in französischen und
deutschen Zeitungen, in gefährliche Zusam-
menrottirungen und Mordszenen auf den
Brücken verwandelt, und mit Säbelhieben,
tödtlichen Kopfwunden, abgehauenen Händen blutig ausgemalt, — oder gar zu einem
Kontrerevoluzionsanfang erhoben, worauf in
so manchen Gegenden des Auslandes noch
immer mit grofser Begierde gehofft wird.

B

Pont - neuf, Quais.

Die herrliche Aussicht von dem *Pont - neuf,* die Seine hinab gegen die Nazional - Brücke und die Palläste der Quais zu beiden Seiten, ist immer neu und grofs. Oft genofs ich sie, wenn die Gegend von der Morgensonne oder von den Stralen der sinkenden Abendsonne beleuchtet ward, ohne von dem bunten Gewühl gestört zu werden, wodurch die Brücke sonst einer der merkwürdigsten Plätze in Paris war. Auch dieses Gewühl hat sich vermindert, oder doch sehr vereinfacht. Belebt von Fufsgängern und Fuhrwerken, ist die Brücke, als der Vereinigungspunkt der beiden Stadttheile, noch immer; aber den mannigfaltig gaukelnden Szenenwechsel findet man nicht mehr. Selbst die armen, an den Fufsbänken mit ihrem Schuhputzerapparat gelagerten Savojardenjungen sehen ihren kleinen Broderwerb geschmälert, weil die Stutzer verschwunden sind, und es den in einer andern Gestalt wie vordem erscheinenden Fufsgängern selten einfällt, ihre schmutzigen Stiefeln oder Schuhe reinigen zu lassen.

Der Anblick der leeren, mit Gras bewachs‑
nen Stelle, wo einst die Ritterstatüe *Hein‑
richs IV* stand, in dessen Namen die Bettler
die Vorübergehenden um eine kleine Gabe
anfleheten f), beengte mir, als ich den Platz
das erstemal wieder sah, unwillkührlich die
Brust. Sie fiel nach dem 10ten August unter
der Axt der Bilderstürmer, diese wenige
Monate vorher von den Parisern noch ange‑
betete Bildsäule, die das Andenken eines
edlen, liebenswürdigen Menschen und guten
Königs versinnlichte. Engherzige Neuerer
glaubten, das Dasein auch dieser Statüe
würde, als Zeichen des vorigen Königthums,
der entstehenden Republik gefährlich werden.
Mußten denn, des neuen Schauspiels wegen,
die Statüen der verhaßten vorletzten Lude‑
wige fallen, weil man kein andres Mittel
wußte oder finden wollte, sie den Augen
des Volks zu entziehen, und in ihnen die
treflichsten Kunstwerke neuerer Zeit zu
retten: *Heinrichs* Statüe hätte eine Ausnahme

f) *Au nom de ce bon roi!* riefen sie.

B 2

verdient. Die neuen Republikaner würden dann, durch eine dazu benutzte Inschrift erinnert, beim Anblick der heitern und gütigen Züge Heinrichs, die den Karakter des guten Menschen bezeichneten, an den Abstand dieses Regenten von seinen Nachfolgern gedacht haben. — Aber in dem Momente aufgereizter Leidenschaften, denen auch diese Statüe mit den übrigen aufgeopfert ist, ward die Stimme kalter Überlegung überhört: es galt die Vertilgung aller Denkmäler des Königthums; — als ob, mit diesen Bildsäulen, sie wirklich alle vertilgt, und ihrer viele nicht noch in den herrlichen Pallästen übrig wären, die von Königen erbauet da stehen. Von den wärmsten und unbefangen urtheilenden Republikanern, wird jetzt der Untergang dieser treflichen Werke neuerer Kunst mit Recht bedauert.

Der *Quai de Voltaire* gleicht einer Ausstellungsgallerie von Kupferstichen. An den Wänden der Gebäude haben die Kunsthändler ihre Waaren aufgehängt: viele trefliche ältere und neuere Blätter, aber auch viel Ausschuß. Die unzähligen, seit der Revoluzion erschienenen Kupferstiche, welche auf sie

Bezug haben, sind verschwunden. Nur ein
schlechtes Blatt, den Angriff auf die Tuillerien am 10ten August, sah' ich hier, und
fragte vergebens nach mehrern, und nach
den Portraits durch die Revoluzion berühmt
gewordner Männer. Die Fiesinger'schen
Bildnisse der Mitglieder der konstituirenden
Versammlung waren eben so wenig zu
finden. Der brave Künstler selbst ist in
England, und die Kunsthändler verbrannten
unter Robespierre's Herrschaft die vorrä-
thigen Abdrücke, aus Furcht vor Verfolgungen
und Arrest. Der trefliche Künstler *Alix* ver-
nichtete in eben dieser Zeit des allgemeinen
Schreckens und der Feigheit, mehrere seiner
besten Kupferplatten, besonders von Portraits
berühmter Männer; weil sogar bei den Künstlern Haussuchungen geschahen, um sie verdächtig zu finden; und erst nach dem 9ten
Thermidor wagte er es, seine schöne, in
farbigtem Lavis mit vier Platten abgedruckte
Suite von Bildnissen großer Männer, mit
den treflichen Bildern *Mirabeau's*, *Bailly's*,
und *Lavoisier's* zu bereichern.

Um den Haß gegen die vormaligen Könige bei dem Volke zu befestigen und fortzu-

pflanzen, sind alle Veranlassungen benutzt.
Eine allerdings sehr bedeutende fand man
am Louvre, vor der Wohnung des schändlichen Karls IX. Auf dem Quai des Louvre
steht, unter einem Fenster, das die Aussicht
nach dem Flusse hat, die in der Geschichte
der mörderischen Hugenotten - Verfolgung
gegründete Inschrift: *C'est de cette fenêtre
que l'infame Charles IX, d'exécrable mémoire, a tiré sur le peuple avec une carabine.*
Die Geschichte sagt, dafs dieser Mörder,
aus dem Fenster seines Zimmers, auf die
unglücklichen Bürger schofs, die, um dem
Blutbade zu entgehen, durch die Seine
schwammen. — Als ich, unter diesem Fenster stehend, die Inschrift las, trat ein alter
Soldat, der mich lange aufmerksam betrachtet
hatte, zu mir: »*Cela peut - il intéresser un
mylord anglois?* g) fragte er mit bitterm Lä-
cheln und auf die letzten Worte gelegtem
Nachdruck. Der Irthum überraschte mich,
da ich erst zwei Tage in Paris war, und noch
nicht ohne eine gewisse, so natürlich durch
die vorgeblichen Gefahren auf den Pariser

---

g) Kann das einen Mylord interessiren?

Gassen erregte Schüchternheit ausging. Ge-
faſst wandte ich mich, dem Soldaten meine
Hand darreichend: »*Touchez - là, citoyen
soldat; je ne suis pas un mylord anglois* [h].«
»*Tant mieux*, rief er, mir herzlich die Hand
schüttelnd, *tant mieux! Vive la République* [i]!« Ich gab ihm, zur Versöhnung
seinen Ausruf zurück, und ging, ohne mich
umzusehen, weiter.

––––––––––––––––––––––––––

h) Schlagt ein, ich bin kein Mylord.

i) Desto besser! Hoch lebe die Republik!

Gleichheits - Haus.

Maison d'Egalité, vordem *Palais-royal*.

————∞∞∞————

Mit dem Namen, hat sich für eine Zeitlang
ein Theil des Wesens dieses ehemaligen Sam-
melplatzes des Luxus und des Geschmacks
verwandelt. Es ist den gröfsten Theil des
Tages zum Schlupfwinkel der häfslichsten
Menschenrace, der Agioteure, Taschendiebe
und ihnen ähnlicher Gauner geworden.

Der vorige Polizei-Minister *Merlin* that
den Vorschlag, diesen Pallast des Luxus und
jedes wollüstigen Genusses, in K a s e r n e n um-
zuschaffen, und so jener schändlichen Menschenrace ihren Vereinigungsort zu verschlie-
fsen. Der Einfall war so originell als für
die Zeit karakteristisch, aber auch zu rasch:
denn die Ausführung wäre vielleicht ohne
Aufstand der Pariser nicht zu Stande gekommen.

Die Arkaden mit ihren Gewölben glänzen
noch in tausendfacher Mannigfaltigkeit schöner und kostbarer Waaren. Was Aufwand
und Geschmack, was Bequemlichkeit und

Überfluſs, reiches, schönes, genuſsvolles
und sättigendes erfinden kann, strömt hier
in unendlicher Abwechslung dem Blicke entgegen. Aber es fehlt an Käufern, wenigstens an freigebigen Käufern. »*Ah, cela
est trop cher* k)« hört man sehr oft aus den
Gewölben schallen, und die Verkäufer klagen
über Mangel an Absatz.

In den Morgen - und Abendstunden, wo
vordem alles, was Paris reizendes, ge-
schmackvolles und verführerisches hat, herbei eilte, um in dem Garten des *Palais-
royal* zu sehen und gesehen zu werden, füllt
jezt den Gleichheitsgarten und die
Hallen umher, jene häſsliche Menschenrace
von Agioteuren und betrügerischen Wechs-
lern. In groſsen Zügen schlendern sie Arm
in Arm auf und ab, oder stehen in einzelnen
Gruppen bei einander: Menschen, in unge-
bürsteten durchlöcherten Hüten, zottigen un-
gekämmten Haaren, abgetragnen Überröcken,
schmutzigen langen Hosen, herabhängenden
Stiefeln mit einem keulenähnlichen Knoten-

---

k) Ach, das ist viel zu theuer!

stock in der Hand, das ist der große Theil
dieses Publikums. Hier und da sieht man
einen Fremden, den die Neugier herzog, oder
anständig gekleidete Einheimische, die sich
in Geschäften bestellten; — dort auf den
Stühlen im Schatten, stille Bürger die Zeitungen lesend oder plaudernd, käufliche
Mädchen aus dem untern Range, denn die
höhern Klassen dieser Weiber des *Palais-
royal* besuchen den Garten nur sehr selten.
Anständiges verheirathetes oder unverheira-
thetes Frauenzimmer erscheint fast gar nicht
mehr, weil jeder sich scheuet, unter diesen
schmutzigen Haufen, der den ganzen Tag
hier hauset, sich zu mischen, oder von einer
Agioteur - Jagd überrascht, und von den
rohen Polizeibedienten gehudelt zu werden.
Diese Agioteur - Jagden waren des Polizei - Ministers *Merlin* Hauptspaß; man nannte
sie auch deswegen *Merlinaden*. Die pünkt-
liche Schnelligkeit womit sie eröffnet wurden,
war merkwürdig, das übrige der Sache
aber bloß Grimasse, worüber man lachte,
weil sie durchaus unwirksam blieb. Um
Mittag, wenn der Garten am vollsten war,
ward das Palais in aller Stille vom Militair

umzingelt; ein Polizeibedienter gab ein Zeichen mit einer kleinen Pfeife, und in demselben Moment wurden durch Aufpasser alle
Gitterthüren der Arkaden geschlossen. Ward
die Geschichte nicht früher verrathen, so
stürmte, in dem Augenblicke wenn die Pfeife
ertönte, alles aus dem Garten gegen die Ar-
kadengitter und Ausgänge, um sich durch
die Gassenthüren oder zu den Mädchen in
die obern Stockwerke des Hauses zu retten.
Die im Garten Eingefangenen passirten dann
einzeln durch die mit Wache besetzte grofse
Eingangsthür, und mufsten ihre Karten vor-
zeigen. Wer keine Karte hatte, oder sonst
verdächtig schien, ward festgehalten und
fortgeführt. Die Expedizion dauerte immer
mehrere Stunden. — Die Thüren wurden
nun geöffnet, und nach wenig Minuten war
die vorige Gesellschaft wieder da, und trieb
ihr Wucherspiel wie vorher. Vor dem Eingange des Hintertheils des Hauses, gegen die
Strafse *Vivienne,* war den ganzen Tag ein ähnlicher Versammlungsort dieser verächtlichen
Menschen, gegen welche hier alle Stunden
Kavallerie anrückte, um die Gruppen auseinander zu treiben, die sich aber gleich

hinter den durchtrabenden Pferden wieder
schlossen.

Ein unbefangneres ruhiges Publikum versammelt sich in den Kaffeehäusern unter den
Arkaden, und die Leckermäuler treiben sich
in den glänzenden Restaurateur - Sälen *Bou-
villier's* und *Robert's* umher. Lebhafte politische Debatten hört man selten in den Kaffeehäusern, oder wenigstens werden sie ohne
Geschrei und Thätlichkeiten verhandelt, welches in den ersten Jahren der Revoluzion so
ganz anders war.

Der hier wegen seiner Bauart berühmte
unterirdische Gartensaal, der Zirkus, diese
merkwürdige architektonische Grille, ist nicht
mehr der Sammelplatz taumelnder Freude,
sondern hat eine gemeinnützigere Bestimmung
erhalten. Er ist von dem Liceum der
Künste gemiethet, das darin seine Privat-
und öffentlichen Versammlungen hält.

Der Parteigeist der *Decadins* und *Domi-
nicains,* so nennen einander spöttelnd die
Anhänger des alten und neuen Kalenders in
Absicht der Feier des Dekaden - oder des
Sonntages, ist besonders in den Kaufläden
im Gleichheitshause, so wie in den unzähli-

gen ähnlichen Gewölben der Gassen sichtbar. Hier sind einige dieser Läden am De-
kadentage, dort andre, und bei weitem die
meisten, am Sonntage geschlossen, und die
Kaufleute legen dadurch stillschweigend ihr
politisches Glaubensbekenntnifs ab. Eine
dritte Klasse steht zwischen diesen, mehr
aus Politik und um sich einen Feiertag mehr
zu gestatten, als aus entschiedner Anhänglichkeit an dieser oder jener Partei, in der
Mitte, und schliefst die Buden an beiden
Tagen.

Und überhaupt ist nicht etwa ein reli-
giöser Eifer, der die Leute zur Feier des
Sonntages auffordert, sondern blofs ein ge-
hässiger Widerspruchsgeist, der sie gegen
alles antreibt, was die Regierung und ihre
Anordnungen betrift, die Ursache, warum
sie ihre Buden schliefsen. Es ist den meisten
dieser Budenschliefser am Sonntage, sehr
gleichgültig, ob ihre Kirchen, wie das
mit vielen noch der Fall ist, in Korn-
Mehl - oder Kriegsmagazine umgewandelt,
oder ob sie unter der feierlichklingenden
Thürüberschrift: *Le peuple françois recon-
nolt un Étre suprême et l'immortalité de*

l'ame, [1]) der Gottesverehrung wieder geöffnet sind; — und sie waren es nicht, welche
an der ausschweifenden Freude des Volks
über den ihm wiedergegebenen Glauben,
Theil nahmen, als *Robespierre* seine Heuch-
lerfarce gespielt hatte, und besonders die
Landleute bis zu einem Grade froh darüber
waren, der an Wahnsinn grenzte, indem sie
ihre Dörfer illuminirten, und über die Ein-
gänge die Inschrift aufpflanzten: *Vive l'Eter-
nel*!! [m]).

Eine Sehenswürdigkeit in diesem Hause
ist *Louvet's* Bücherladen. Die Bürgerin *Louvet*, die durch die Memoiren ihres Gatten so
berühmt gewordene *Lodoiska*, führt den
Handel darin; und man empfindet es beim
Bücherkauf gar bald, daß sie ihn versteht,
und die Gelegenheit bei dem Fremden, der
oft mehr, um von *Lodoiska*, als um Bücher
zu kaufen, in den Laden kommt, zu ihrem

[1]) Das französische Volk erkennt ein höchstes Wesen
und die Unsterblichkeit der Seele.

[m]) «Es lebe der Ewige!!!» — Ich weiß diese
Anekdote von einem Augenzeugen.

eignen und ihres Mannes Vortheil zu benu-
tzen weifs.

Das Ideal, welches man sich bei der
Schilderung interessanter Personen selbst zu
schaffen pflegt, erfüllt *Lodoiska* zwar nicht
ganz: aber sie trägt in ihrem etwas männlichen Anstand und Bewegungen und in den
Gesichtszügen, den bestimmten und entschlofsnen Karakter einer Retterin ihres Geliebten. Sie ist durchaus nicht schön, aber
sehr verbindlich und gesprächig.

Die vielen, auf der Flucht erduldeten, mit
so grofsen Gefahren verbundnen körperlichen
Anstrengungen und Leiden haben *Louvet's*
Gesundheit untergraben. Er kränkelt immer;
doch strahlt Geist und Feuer noch aus seinen
grofsen schwarzen Augen. Über seine schwankenden politischen Grundsätze ist er in seinem Journal, die Schildwache, mit sich
selbst eben so uneins, als er sie gegen die
starken Angriffe anderer in den Pariser Tageblättern vertheidigt. Die *Sentinelle* hat
daher wenig Interesse, und ist der Tummelplatz politischer und literarischer, oft sehr
langweilig geführter Händel. — Die ver-
sprochne Fortsetzung der Memoiren, worin

Lodoiska ihre Geschichte selbst vortragen
sollte, wird nicht erscheinen. Bei einem
einfachen Frühstück, in ihrem kleinen Zimmer im vierten Stockwerk des *palais d'Egalité*, das zugleich Wohnzimmer und die republikanische Küche ist, wo das Mittagessen
in einem Topf im Kamin brodelt, klagten
mir *Louvet* und *Lodoiska* den Verlust aller
seiner Manuskripte. Bei seiner Flucht hatte
er sie, diese Arbeiten von zwanzig Jahren,
seinem Bruder übergeben. Dieser ward arretirt, und alle Schriften des geächteten *Louvet*
wurden ins Feuer geworfen.

Pallast und Garten der Tuillerien.

———⚬∞⚬———

Die Spuren des Angriffs am 10ten Aug. 1792 auf die Wohnung des dem Tode vorbestimmten unglücklichen Ludwigs, sind an der Vorderfaçade des Tuillerienpallastes noch sichtbar. Vom Karousselplatz ward besonders der mittlere Pavillon, worin die königliche Familie wohnte, mit Kanonen beschossen. Der Giebel, die Wände, Balüstraden und Fenstergesimse, sind an etwa dreißig verschiednen Stellen, vom Anschlagen der Kugeln tief ausgesprengt. Über jedem dieser Löcher, steht auf dem glattgeschliffnen Stein, mit großen· Buchstaben: *le 10 aout.* Ein eifriger Republikaner zeigte mir, als ich das erstemal mit ihm vor dem Schlosse stand, mit großem Wohlgefallen diese Mahlzeichen des gestürzten königlichen Throns. Einige Wochen nachher, ging ich mit eben diesem Republikaner wieder vorbei; da hatte man Gerüste errichtet, und Steinhauer waren beschäftigt, jene ausgesprengten Löcher wieder auszufüllen und die Überschriften wegzulö-

C

schen. Auf diese Operazion machte ich nun
meinen Demokraten ebenfalls aufmerksam;
und es fehlte nicht viel, daſs er die Urheber
derselben Erzroyalisten schalt.

Der Rath der Alten hält seine Sitzungen in diesem Pallast, im vormaligen Konventssaal, und der übrige Theil ist für die
Versammlungen der Ausschüsse der beiden
Räthe bestimmt.

Die sogenannte Terrasse der Feuil-
lans, die an der rechten Seite, der ganzen
Länge des Gartens nach, und vor dem Versammlungssaal des Raths der fünfhundert, der vormaligen Reitbahn, liegt, ist
noch immer der Vorhof von versuchten, und
durch die Kraft der jetzigen Regierung jedesmal vereitelten Verschwörungen. Mit un-
glaublicher Frechheit treten auf den an der
Gartenmauer befindlichen Bänken, oder an
dem eisernen Terrassengeländer, bezahlte
Volksredner auf, um das Volk, mit gegen
die Regierung ausgestoſsnen Verläumdungen,
zu täuschen und zu Empörungen gegen die
cinq tyrans du Luxembourg — diesen
Ausdruck hörte ich kurz vor der Entdeckung
der Verschwörung Drouets von einem dieser

Buben, — zu hetzen. Die schwache Volks.
gruppe um sie her, besteht gröfstentheils aus
zum Beifallklatschen gedungnen Zuhörern:
denn es gelingt ihnen selten, einen grofsen
Haufen an sich zu ziehen. Die vorübergehenden ruhigen Bürger würdigen sie keines
Gehörs, und selbst die niedern Volksklassen
überhäufen sie mit Verwünschungen. Auch
sind diese ekelhaften Deklamazionen nur von
sehr kurzer Dauer. Die Patrouillen dürfen
sich nur in weiter Ferne zeigen, und in
demselben Augenblick verschwinden Redner
und Gruppen.

Einen ernsthaftern Auftritt, den die Regierung, um den glimmenden Funken eines
Aufstandes zu ersticken, veranstaltete, sah
ich in dem Garten der Tuillerien, am 9ten
Floreal (28ften April). Das Polizei - Bataillon der Pariser Besatzung sollte auf Befehl
des Direktoriums Paris verlassen; es weigerte
sich, und drohete mit Widerstand. Man
fürchtete damals Bestechungen des Militairs
und Aufruhr. Als ich am Abend durch den
Garten ging, und mich dem Eintrachtsplatz
(place de la concorde, vordem de Louis XV)
näherte, schallte mir das Waffengetöse ent-

gegen. Vier Kanonen und Pulverkarren
rückten in den Garten ein, einzelne Haufen
Kavallerie sprengten mit verhängtem Zügel
gegen das Schlofs, im scharfen Schritt mar-
schirten Soldaten' herbei. Sie besetzten, der
Länge nach gegen den Garten hin, das
Schlofs; die Kanonen wurden hier aufge-
pflanzt, geladen, und Kanoniere traten mit
brennenden Luntenstöcken dabei. In wenig
Minuten stand eine Vertheidigungslinie vor
dem Schlosse gerüstet. Von diesen drohenden Zurüstungen erschreckt, entfernten sich
die Spaziergänger aus dem Garten, oder
standen betäubt in Gruppen. Die Patrouillen
erinnerten diese, den Garten zu verlassen,
und die Gitterthüren wurden verschlossen. —
Die Wachsamkeit und der Ernst, die jeden
Schritt der jetzigen Regierung bezeichnen,
verfehlten auch bei dieser Verfügung ihre
Wirkung nicht. Das Bataillon der Polizei
ward entwaffnet, die Unruhstifter wurden
arretirt und kassirt; die öffentliche Ruhe
blieb ungestöhrt; — und nur die Zeitungen
des Auslandes träumten noch lange nachher
von neuer, der republikanischen Regierung
drohender Gefahr.

Ich war in der Zeit meines Aufenthalts
in Paris Zeuge von mehrern nur scheinbar
gefährlichen Vorfällen dieser Art, und glaube,
nach dem was ich sah, was ich, nicht aus
der allgemeinen Sage, sondern an der Quelle
selbst, wo man die Unruhen in der Ferne
entstehen sieht und ihren Ausbrüchen vor-
beugt, hörte, und durch meine Erfahrungen
über die jetzige Stimmung des grofsen Volks-
haufens überzeugt, behaupten zu können,
dafs ein allgemeiner Volksaufstand und thätige Theilnahme der grofsen Volksmasse an
den Projekten einiger tollen Schwindelköpfe
gegen die jetzige Verfassung nicht mehr zu
besorgen ist. Das zum blinden Werkzeuge
der Fakzionen so oft gemisbrauchte Volk,
ist der eben so wiederholten Aufruhrsfzenen
durchaus müde; endliche Ruhe ist jetzt sein
Wunsch, und Bestechungen durch fremdes
Geld, einer Volksmasse, die durch ihre Grösse
furchtbar werden könnte, ist, nach solchen
oft mislungenen Versuchen, auch nicht
denkbar. Die mit wachsamen, festem Ernst
wirkende Kraft der Regierung wird, als
ihr eigenthümlicher und grofser Karakter,
allgemein empfunden: und obgleich unter

dieser im ewigen Widerspruch mit sich selbst
lebenden Nazion die Zahl der mit der Verfassung Unzufriednen grofs ist, so flöfst doch
dieser Karakter der Regierung dem grofsen
Haufen Achtung ein, und ihre Entschlossenheit bei Anwendung schneller und starker
Mafsregeln, zeigt ihm den zur Bändigung
des wilden Haufens mit starkem Arm re-
gierten Zügel.

Eine wirkliche Explosion der innerlich
noch fortdauernden Gährungen, welche die
Zeit allein beruhigen und heben kann, würde
ich gegen die Regierung fürchten, wenn sie
billige und unverfängliche Friedensanträge
der noch gegen die Republik bewaffneten
Mächte, stolz zurückwiese. Das Volk
wünscht den Frieden, und äufsert diesen
Wunsch bei aller Gelegenheit laut genug.
Dieser herrschenden Stimmung darf die Regierung, ohne eigne Gefahr, nicht trotzen;
und ihr eigner Wunsch zum Frieden zeigt,
dafs sie es nicht wird.

Eine andere Frage ist: ob die angestrengte
Spannung der Regierung, ihre innern Feinde,
Royalisten, Jakobiner, Anarchisten, bestän-
dig zu beobachten und im Zaum zu halten,

bei der Gleichgültigkeit des einen und der
Feigheit des andern Theils der Nazion, sich
entscheidend für die Regierung zu erklären,
sich an sie zu schliessen, und sie, die fast
noch isolirt dasteht, zu unterstützen, — nach
der Natur der Dinge von Dauer sein könne,
und nicht, wie jede Anstrengung, endlich
erschlaffen müsse? Dies ist eine dunkle,
zweifelhafte Aussicht für den Freund der
Ruhe. Die Wiederkehr des allgemeinen
Friedens kann sie allein aufklären, und die
Erfüllung befsrer Hoffnungen und Wünsche
für das Glück Frankreichs herbeiführen.

Der herrliche Garten der Tuillerien
mit seinen Schattengängen von hundertjähri-
gen üppigen Bäumen, ist weniger besucht
wie er es vordem war, weil eine grofse
Klasse von Spaziergängern fehlt, die damals
hier die Zeit tödteten, oder andre, die im
Abendschatten des treflichen Wäldchens, mit
ihren Familien von den Tagesgeschäften aus-
ruheten. Der anständige mittlere Stand des
Pariser Bürgers besucht ihn jetzt; und auf
den runden, zwischen den Bäumen gelafsnen
Plätzen versammeln sich alle Nachmittage in
den ersten Frühlingsmonaten die jungen

Leute in mehrern Kreisen, zum Ballon-
schlagen.

Laune, Eigensinn und Stolz entfernt
die höhern Klassen der Pariser von diesem
ihren ehemaligen Lieblingsorte, so wie von
allen öffentlichen Spaziergängen; und wäre
es auch nur die kindische Grille der Weiber,
keine Nazionalkokarde tragen zu wollen,
ohne welche die Wache an den Gitterthüren
niemand einläfst, oder wenigstens jedem, der
dies patriotische Zeichen nicht trägt, eine
nachdrückliche Erinnerung auf den Weg
mitgiebt. Mehrere Damen tragen die Kokarde von der Grösse einer Erbse, und verstecken sie am Hute oder an dem Kopfputz
unter Band - und Florschleifen und Blumen.
»*Citoyenne, la cocarde*!« hörte ich die
Schildwache sehr oft anrufen, wenn die Kokarde der Damen nicht sichtbar war. »*La
voilà*« war die Antwort, und irgend ein Band
oder eine Blume ward gelüftet, unter
welchen, kaum sichtbar, eine Kokarde erschien. War nun der Soldat guter Laune,
so liefs er diese Persiflage des Kokardentra-
gens passiren; sonst gab es derbe Erinnerungen.

Auf einem mit Geländer umgebnen und sorgsam gewarteten kleinen Rasenplatze, am Ende des Gârtens, neben der Feuillans-terrasse, steht *Rousseau's* Bildsäule, eine kleine Figur der Natur in der Hand haltend. Er ist sitzend in einem weiten Hausgewande und runder Perrucke vorgestellt, so wie man den Philosophen im häuslichen Leben sah. Die Statüe zeigt sich hier in dem Mittelpunkt des Schlusses einer doppelten, sehr langen Reihe schöner blühender Orangenbäume, die im Sommer in dem breiteu Seitengang des Gartens aufgestellt sind, und ihren Blü-thenduft über den ganzen Garten verbreiten.

Die berühmte D r e h b r ü c k e *(pont-tour-nant)* worüber man aus den Tuillerien nach dem Platze L u d w i g s XV ging, ist wegge-schaft und der Graben zugeworfen. — Jeder Schritt in dieser Gegend von Paris erinnert an einen denkwürdigen Zug der Revoluzions-Geschichte. Über diese Brücke stürmte der Prinz *Lambesc* mit seinen Reutern in die Tuil-lerien, verwundete dort die ruhig im Garten gehenden Bürger, und gab so das Signal zum ersten allgemeinen Aufstande des Volks.

Platz der Eintracht.

—◦◦◦—

Der diesem vormaligen Platze Ludwigs XV,
nachher Revoluzionsplatz genannt, jezt
beigelegte Namen der Eintracht, steht in
einem traurigen Kontraste mit den Erinnerungen an die Ströhme Bluts so vieler edlen
Menschen, welche auf diesem ,Platze der
Zwietracht und Parteiwuth zum Opfer
fielen. — Man mag den warnenden Beinamen des blutigen Revoluzionsplatzes · endlich hinweglöschen; aber jene schöne Benennung der Eintracht trage er erst dann,
wenn nach dem wiederhergestellten innern
Frieden und mehr befestigten Glück des französischen Volks, jenes Andenken der blutigen Zwietracht vertilgt, und die Nazion mit
sich selbst wieder versöhnt ist. Dann erst
erhebe sich auf diesem herrlichen Platze ein
Tempel, der Eintracht geweihet, in welchem
die Stellvertreter der Nazion dem unglücklichen Parteihafs, der Frankreich einst in na-
menloses Elend stürzte, feierlich abschwören.
Die Stelle, wo des unglücklichen Ludwigs Kopf fiel und das Blut der Girondi-

sten flofs, bezeichnet der Stumpf einer ver-
dorreten Freiheitspappel.

Auf dem Fufsgestelle der umgestürzten
Ritterstatüe Ludwigs XV, steht die
Statüe der Freiheit jezt. Sie ist von
bronzirtem Thon, und vielmehr das Bild der
Vergänglichkeit, als das Symbol der für immer befestigten Freiheit. Der täuschende
Bronzanstrich blättert ab, und die undichte
Masse bröckelt weg und verwittert. Die
sitzende Figur ist eine Nachbildung der *Dea
Roma*: sie hält den Speer in der einen Hand,
und stützt die andre auf eine auf dem Knie
ruhende Erdkugel. Das marmorne Fufsgestelle der vormaligen königlichen Bildsäule,
worauf sie steht, ist absichtlich bedeutend
halb zertrümmert; die Gesimse sind zerschla-
gen, die Seitenplatten zu den Inschriften zerbrochen, die Marmorstufen zerschmettert und
die marmornen Gehege umher halb umge-
rissen. Auf diesen Trümmern thront die
Göttin, — jezt nur ein Modell von Thon [n]),
künftig von Bronze, und dann hoffentlich

---

n) Daher die Benennung: *la Liberté de boue*, —
im Pariser Geschmack.

besser ausgeführt wie dieser rohe und un-
förmliche Klumpen.

An den vier Seiten des Sokels der Statüe
stehen folgende Inschriften, die auch schon
halb verlöscht und kaum noch lesbar sind.

*L'ignorance l'avoit bannie de dessus
la terre.*

La vérité l'a ramenée parmi nous.

*Notre courage saura la défendre. Nous
voulons vivre et mourir pour elle.*

*Elle est assise sur les ruines de la tyran-
nie. La postérité . . . . . °).*
die übrigen Worte sind ganz verlöscht.

Am Eingange der elysäischen Felder
sind seit kurzem zwei der schönsten Werke
neuerer Kunst, die beiden Gruppen der
numidischen Pferde mit ihren Bändi-
gern, ähnlich der Gruppe auf *Monte Cavallo*

°) Unwissenheit hatte sie von der Erde verbannt. —
Wahrheit hat sie zu uns zurück gebracht. —
Unser Muth wird sie vertheidigen. Für sie
wollen wir leben und sterben. —
Sie sitzt auf den Trümmern der Tyrannei. Die
Nachwelt . . . . . .

in Rom, errichtet. Zügellose Wildheit ist
in den Pferden, und in den schönen Männer - Figuren, angestrengte Kraft und sie-
gende Stärke, sehr glücklich ausgedrückt. —
Man fand in Paris die Versetzung dieser
Gruppen von Marly auf den Eintrachtsplatz,
von Seiten der Regierung nicht ohne Bedeutung. »Sie scheinen, sagten ruhige Beobachter, das Symbol des gebändigten Volks zu
sein: — aber wir fürchten, setzten bange
Zweifler hinzu, jene Zügel, die die Bändiger
dort wohl mit starkem Arm halten, sind
doch, für die verwilderten Thiere, zu
schwach. «

Denkwürdig ist die Geschichte dieser
beiden Gruppen. Sie sind von den Bild-
hauern *Couston*, jede aus einem Block des
schönsten karrarischen Marmors, ohne Bruch
und Ader, gehauen. Es waren zwei Brüder
aus Lyon gebürtig, *Nicolas* und *Wilhelm
Couston*, beide treffliche Künstler. Jener
starb 1733, dieser 1746. An dem Fußge-
stelle der Gruppen auf der Terrasse zu Marly,
fand man bloß den Namen: *Couston* 1745.,
ohne Vornamen. Nun entsteht der Zweifel,
welcher von den beiden Brüdern der eigent-

liche Verfertiger sei; und dieser von ihnen
selbst veranlaſste Zweifel ist ehrenvoll für
beide: denn es scheint, als ob die Bruder-
liebe den Ruhm der Verfertigung habe
theilen wollen, ohne dem einen oder dem
andern dabei einen Vorzug zuzueignen, den
er doch vielleicht bei der Ausführung der
Kunstwerke hatte. — Einige glauben, die
Jahrszahl 1745, bei dem Namen, entscheide
für den zuletzt verstorbenen Wilhelm. Schonender aber ist die Entscheidung für den
Ruhm beider Brüder, daſs der eine die Idee
zu dem Kunstwerke faſste, und beide gemeinschaftlich an der Ausführung arbeiteten,
als der Tod den einen übereilte, und daſs
alsdann der andre die Gruppen vollendete. —
Am 11ten September 1795 wurden sie von
Marly nach Paris gebracht und der Artillerie-
Oberste *Grobert*, Aufseher des Arsenals zu
Meudon, dirigirte den Transport mit bewun-
drungswürdiger Geschicklichkeit. Seine dazu
erfundnen Maschienen waren äuſserst einfach
und von groſser Wirkung. Nur vier Menschen hoben jede dieser, dreiſsigtausend
Pfund schweren Gruppen von ihrem Stand-
punkt herab auf den Wagen. Der vier fran-

zösische Meilen lange Weg, von Marli bis
auf den Platz wo sie jezt stehen, ward in
fünf und einer halben Stunde, in der Ebne
mit zehn, und an den Anhöhen des Weges
mit sechszehn vorgespannten Pferden, zu-
rückgelegt. Auf dem Platz ihrer Bestimmung,
ward jede Gruppe, von acht Menschen, mit
der Geschwindigkeit der Bewegung von
eilf Zoll in jeder Minute, von dem Wagen
auf das Fußgestell gehoben. — Auf der
Fläche dieser sehr einfach verzierten Fußge-
stelle von Sandstein, ist die Geschichte dieses
merkwürdigen Transportes eingegraben, und
Grobert ertheilt, in einer dem Direktorium
dedizirten Beschreibung, mit vieler Bescheidenheit Nachricht von seinen dabei getroff-
nen Anstalten.

Elysäische Felder. Boulevards.

———∞∞∞———

Das reizende Lustwäldchen der elysäischen Felder, die sich an den Platz der Eintracht anschliefsen, ist von allen öffentlichen Spaziergängen in Paris, jezt der besuchteste. Am Abend jedes schönen Tages, vorzüglich am Sonntage, versammelt sich in den Schattengängen zur Rechten, eine unübersehliche Menschenmenge von jedem Alter und Geschlecht. Zwischen sechsfach gereiheten, mit Zuschauern dicht besetzten Stühlen, schiebt sich die Masse der Spaziergänger in den Gängen auf und ab. Der Anblick ist sehr unterhaltend, bei der Mannigfaltigkeit des Publikums. Beide Geschlechter erscheinen hier sorgfältiger gekleidet, und man findet den Unterschied mit den vorigen Zeiten blofs darin, dafs von dem mittlern Fahrwege die höhern Klassen der Pariser, mit ihren prächtigen Equipagen und fliegenden Kabriolets, aus welchen sie sich nicht zu den Fufsgängern in den Alleen herabliefsen, verschwunden sind. Eine reizende Ansicht geben die

Rasenplätze, welche sich rechts neben dem Wäldchen ausbreiten. Das sind die Tummelplätze der Kinder: nirgends sah ich diese, fast allgemein, schöner, blühender und liebenswürdiger. Tanzende Gruppen reizender kleiner Mädchen und schöner Knaben, zu lärmenden Kinderspielen vereint, bedecken diese Plätze, und die Ältern oder Zuschauer stehen oder lagern sich auf dem Grase im grofsen Kreise umher. So malerische und zugleich so wohlthätige Ansichten, wie diese Szenen schuldloser Jugendfreuden gewähren, giebt es wenige, und besonders hier in Paris, wo, bei den noch immer aufgereizten Leidenschaften und dem herrschenden Mismuth der Bewohner, dieser Ausdruck herzlicher Fröhlichkeit so selten, und nur in dem unbefangnen sorgenlosen Jugendalter noch sichtbar ist. — Einen ähnlichen, nicht minder wohlthätigen Anblick gewähren die Nachmittagsstunden in einigen Gegenden der Boulevards. Wohlgekleidete Männer aus den stillen Bürgerklassen, fahren hier selbst, ihre ein - oder zweijährigen Kinder in zierlichen Kinderwagen, und die Mütter gehen mit ihren Freundinnen hinterher.

D

In weifsen Kissen, sitzen die Kleinen von
Gesundheit strotzenden Geschöpfe, ihre
Spielsachen im Schoofs, oder sie schlummern,
eingewiegt von der langsamen und gleichen
Bewegung des Wagens, in den Kissen zu-
rückgelehnt. — Eine schöne Erfahrung ist
es, dafs seit der Revolution die glückliche
Sitte des Selbstsäugens der Kinder, in Paris
viel allgemeiner geworden ist, als sie es vordem war, wo man die Neugebornen zu gedungnen Ammen aufs Land schickte, sie so
der sorgsamern Wartung der Ältern entzog,
und dem Eigennutze dieser Weiber preis gab.
Die bei vielen, sonst wohlhabenden Bürgern,
jezt nöthig gewordene Ersparung, mehr aber
noch, die eigne Überzeugung von der Gefahr der Kinder, beförderte die Abschaffung
dieser übeln Gewohnheit, und brachte die
Mütter, selbst von den wohlhabendern Bürgerklassen, zu der belohnenden Ausübung
der Mutterpflicht, dem Selbstsäugen ihrer
Kinder, zurück.

Die sogenannte gute, oder um eigentli-
cher zu reden, die antirepublikanische erz-
aristokratische Gesellschaft der Pariser Herren und Damen, hat sich auf den Boule-

·vards·, zwischen den Strafsen *Grange - Batc-
·liere* und *Montblanc*, einen Bannort gewählt,
wo sie einige Abendstunden in Staubwolken
umherwandeln, und sich auf die hingestell-
ten Stühle hinstrecken und schaukeln. —
·Man hat diesen Spaziergang sehr bedeutend
·*le petit Coblence* genannt, um die sich hier
·aus Mode versammelnde Gesellschaft zu ka-
rakterisiren. Das ist der einzige öffentliche
Ort, den die vornehmen glänzenden Pariser
Damen und Elegans ihrer Gegenwart würdigen: hierher retten sie sich aus dem patriotischen, ihnen verhafsten und verächtlichen, sogenannten Pöbelhaufen recht·icher
Bürger, deren Gemeinschaft ihnen viel lästi-
ger ist, als der dicke Staub, den sie in ihrem
lieben Koblenz stundenlang verschlucken,
und als die Gesellschaft feiler Mädchen aus
allen Winkeln des Tempels der Wollust, die
sie hier theilen. Wer nur auf guten, das
heifst aristokratischen, Ton Anspruch machen
will, mufs sich hier einigemal in der Woche
unter seines Gleichen sehen lassen. Dafs
die Strecke dieses Modespaziergangs so kurz
und enge ist, und im Verhältnifs der Pariser
Welt nur für einen kleinen Theil Raum hat,

galt mir, als ich ihn das erstemal sah, für
eine gute Vorbedeutung des Bürgersinns der
Pariser; aber freilich lehrte mich die Erfahrung bald, daſs das kleine Koblenz, wie
vordem der Emigrantenhof am Rhein, der
diesem Boulevard den Namen gab, nur der
Versammlungsort der Repräsentanten der
erzaristokratischen Pariser Zirkel sei, deren
Mitgliedschaft Legion heiſst.

Platz der Nazional - Siege.

Er war vordem dem Unsterblichen gewidmet, p) — aber die republikanische Axt,
wie die bilderstürmenden Vandalen sie nannten, ist dieser Unsterblichkeit vorgeeilt,
und hat das bleierne Denkmal in den Staub
geworfen. Die Sinnbilder besiegter Nazionen,
welche an dem Fußsgestell als Sklaven ange-
kettet lagen, wurden schon vor dem Föde-
razionsfeste 1790 weggenommen, und in den
Vorhof des Nazional - Museums gebracht, um
diesen erniedrigenden Anblick aus den Augen der Fremden und Deputirten zu entfernen, und zugleich, um die, als trefliche
Kunstwerke von *Desjardins* berühmten, Statüen zu erhalten.

Auf dem Fußsgestelle der ehemaligen
Statüe des Königs, ist ein funfzig Fußs hoher
Obelisk von gemaltem Holz errichtet,
ein Denkmal des ioten Augusts: *Aux*

---

p) *Viro immortali*, stand unter der von Blei gegofs-
nen Statüe Ludwigs XIV, auf diesem Platze.

citoyens morts à la journée du 10 *aoút, la*
patrie reconnoissante q). Unter dieser an
allen vier Seiten der Spitzsäule stehenden Inschrift, sind die Figuren der Freiheit,
Gleichheit, Eintracht und Stärke gemalt, und'
die Bedeutungen, damit man sie nicht ver-
kenne, darunter geschrieben. Die praleri-
schen Inschriften auf Ludwig *XIV* hatten
den Rechten des Menschen und des Bürgers Platz gemacht, — aber sie wurden damals von der Polizei ausgelöscht, weil man
sich über dieses noch sichtbare Fragment der
verhaßten Jakobiner - Konstituzion von 1793
ärgerte, und den Polizei - Minister in öffentlichen Blättern aufforderte, es austilgen zu
lassen.

An den Gesimsen des Fußgestelles stehen
folgende vier Inschriften, die, als solche,
und wenn man einen Moment den Gang
des Revoluzionsplans vom 10ten August,
und die Ausführung selbst mit ihren traurigen Folgen für so viele Unglückliche, vergessen kann, nicht übel sind.

q) Das dankbare Vaterland, den am Tage des 10ten
Augusts getödteten Bürgern.

Nous reposons sous nos lauriers, nous vivons dans les coeurs de nos frères.

La mort est le repos de l'homme libre. Patrie, tu nous rends immortels.

Plus de larmes, mais du sang ennemi; il est encore des tyrans.

Les jours se pèsent, et ne se comptent pas: c'est le dernier asyle de la liberté. ᵗ)

Der Obelisk wird bald mit seinen Inschriften verschwinden. Die Sonnenhitze hat die Bretterchen, woraus die vergängliche Siegesseule zusammengenagelt ist, gedörrt und gespalten; sie fallen stückweise herab. Auch sind alle diese Erinnerungen an die Zeiten der Jakobiner- und Anarchisten-Regierung bei dem Volke verhafst. Als ich

ᵗ) Wir ruhen unter unsern Lorbeeren, und leben in den Herzen unserer Brüder. —

Der Tod ist Ruhe des freien Menschen. Du, o Vaterland, machst uns unsterblich. —

Keine Thränen, sondern Blut der Feinde! Es giebt noch Tyrannen. —

Gewogen und nicht gezählt werden die Tage: das ist der Freiheit letzte Zuflucht. —

vor dieser Säule stille stand, um die Inschriften zu lesen, und einige halb ver-
löschte Worte der letzten Zeile meinen
Augen entgingen, näherte ich mich einem
Manne, der an seinem Tisch kleine Waaren
feil hatte, um mir die Hülfe seines schärfern
Gesichtes zu erbitten. Er kam mir, mit der,
diesen Leuten, bei den an sie gerichteten
Fragen der Fremden, eignen Freundlichkeit
entgegen: wie er aber die Frage vernahm,
runzelte sich seine Stirn, und er wandte sich,
ohne Antwort zu geben, mit einem auf die
Säule geworfnen Blick voll Zorn und Verachtung, von mir ab.

Die Regierung fühlt es, wie unzweck-
mässig, geschmacklos und ihres jetzigen Ka-
rakters unwürdig, alle die seit der Revoluzion
auf den öffentlichen Plätzen errichteten Denk-
male sind. Deswegen hat, auf Befehl des
Direktoriums, *Benezech*, der Minister des
Innern, an die Künstler der Republik einen
Aufruf, zu einer bis zum Thermidor des
nächsten Jahrs offnen Konkurrenz, für die
Einliefrung von Modellen, zum Altar des
Vaterlandes und zu Denkmalen für die
Plätze der Nazional - Siege, der Eintracht,

Vendome und der Bastille, öffentlich erlassen. Über die eingelieferten Modelle wird dann das Direktorium entscheiden, und einen Plan zur Errichtung der Denkmale entwerfen.

»Einfach und majestätisch,« so heißt es in diesem, im Geist der jetzigen Zeit verfaßten Aufruf, der den Künstlern den Gesichtspunkt ihrer Arbeiten bestimmt, »sollen sich die Denkmale des Genies und der Freiheit erheben; sie sollen sich dem Blick groß darstellen, zugleich zum Verstande und zum Herzen reden; ihr Anblick gebe erhabene Lehren, und lasse große Erinnerungen zurück. Sie werden dann, gleichsam als die Jahrhunderte durchdringende Stimme der jetzigen Generazion, der entfernten Nachwelt Achtung und Bewundrung befehlen. Zeugen werden sie sein von unsern ersten Anstrengungen und von unsern errungenen Vortheilen, von unserm Unglück, unsern widrigen Schicksalen und unserm Ausharren, von unserm Kampf und von unsern Siegen. Diese sollen sie verkündigen, und den Völkern des Alterthums das angestaunte Wundervolle ihrer Thaten nehmen. Sie sollen endlich, die Freiheit, nach dem geendigten hartnäckigen, aber ungleichen Kampfe der Vernunft gegen Ungerechtigkeit und Vorurtheile, darstellen, wie sie, ihr majestätisches Haupt erhebend, thront auf den Trümmern der Tirannei. «

Platz Vendome.

Das halb zertrümmerte hohe Piedestal der umgestürzten schönen Ritterstatüe Ludwigs XIV von *Girardon* auf dem Vendomeplatz, war am 22ſten Januar 1793 das Paradebett des blutigen Leichnams des von *Paris* erstochnen Deputirten *Lepelletier de S. Fargeau*, während seines prächtigen Begräbnifspomps. Hierauf bezieht sich die noch an beiden Seiten stehende Inschrift: *Je suis satisfait de verser mon sang pour la patrie. J'espère qu'il servira pour consolider la liberté et l'égalité, et à faire connoitre ses ennemis* *). Das sollen des Sterbenden letzte Worte gewesen sein, und selbst ihr Ausdruck scheint diese Behauptung zu bestätigen. *Lepelletiers* Karakter war sanft und still. Er stimmte für den Tod des Königs, wie so viele, denen es an Muth fehlte, *Robespierre*

---

*) Mir ist wohl, weil mein Blut für das Vaterland fliefst. Möchte es die Freiheit und Gleichheit befeſtigen, und die Feinde des Vaterlandes kenntlich machen.

gezückten Dolchen zu trotzen, und auf
deren Namen nur dieser Vorwurf klebt,
wenn auch die strengste Gerechtigkeit ihnen
sonst keinen machen kann. — *Lepelletier*
fiel als .Opfer seiner Stimme, und ihn ahndete im Tode die ihm bereitete Apotheose
nicht, welche, um dem Volk ein, mit der
Szene des vorhergehenden Todestages des
Königs, grell kontrastirendes Schauspiel zu
geben, erfunden ward, und nun längst wieder
vergessen ist.

Platz der Bastille.

Hier, wo sich einst die furchtbare Burg der Eigenmacht zwischen friedlichen Wohnungen erhob; wo jene schwarzen Höhlen sich öffneten, um hinabgestürzte Unschuldige zu verschlingen und sie nie wieder zu geben; — lächelt jetzt ein heitrer Himmel auf einen freien Platz herab. — Man war beschäftigt, noch einige Schutthaufen der alten Trümmer hinwegzuräumen, und den Platz zu ebnen, dem der Namen der Freiheit (*place de la liberté*) gegeben ist. Eine bronzirte Statüe dieser Göttin, im steifen ägyptischen Stil, von Gips, stand in der Mitte des zweiten Raums.

Um Unglücksfälle bei den halb eingestürzten Erdgewölben, die noch nicht alle zugeworfen waren, zu verhüten, ward der Zugang zu dem Platze nicht verstattet; eine Schildwache stand an der hölzernen Umzäunung, und gab mir diese Nachricht. — In diesem Augenblicke erinnerte ich mich des einem deutschen Freunde gegebnen Verspre-

chens, ihm einen Stein von der umgestürzten Bastille mitzubringen; aber der Soldat
weigerte sich, mir den Zugang zu gestatten,
obgleich er ein Billet von zweihundert
Livres aus meinem Portefeuille hervorgehen
sah. »Was nutzt es euch, sagte er, auf den
Platz zu gehen, da ihr ihn von hier über-
seht?« Seht, antwortete ich, auf einen
etwa zwanzig Schritt entfernten Schutthaufen.
deutend, um von jenen Trümmern der von
euch umgestürzten Bastille, einen Stein mit
mir zu nehmen. — »Wartet einen Augenblick,« antwortete er rasch einfallend, und
mit dem sichtlichen Ausdruck des frohen
Selbstgefühls, — »geht hin, aber eilt euch.«
(*Attendez un moment, et puis allez; — mais
dépêchez-vous*) und damit wandte er sich,
und ging langsam an dem Gehege abwärts
hin. Ich ging, eilte; ehe der Soldat um-
kehrte, war ich wieder an meinem Platz,
ließ hier mein Assignat fallen, und entfernte
mich schnell, um dem Soldaten den Nachruf
des Verlornen, und mir die Verlegenheit zu
ersparen, das Papier, das seinen Mann nicht verfehlt haben wird, wieder aufheben zu müssen.

Der Tempel.

Citoyenne, où est l'entrée du château du Temple [1]) fragte ich eine an der Gartenmauer des Tempelschlosses sitzende Gemüseverkäuferin, als ich einst, auf einer Wanderung durch die in den letzten Jahren merkwürdig gewordnen Gegenden von Paris, in die Gässchen gerathen war, welche den innern Umfang, der zu dem Tempel gehörigen eingeschlofsnen Gebäude durchkreuzen, und keinen Ausgang aus diesem Labirinthe fand. Vor mir stand die hohe Gartenmauer, welche nach der Gefangennehmung der königlichen Familie, aufgeführt ward. Fünf gekuppelte gothische Schlofsthürme ragten über dieser Mauer hervor, deren Fenster zum Theil vermauert, und da, wo die Gefängnisse sind, mit hölzernen, aufwärts gerichteten Verschlägen vernagelt waren, die das Licht von oben hereinlassen, aber keine

---

[1]) Sagt mir, Bürgerinn, wo ist der Eingang zu dem Schlofs des Tempels?.

Aussicht, als nur gegen den Himmel, gestatten. — Hier suchte ich den Weg zu dem großen Thor des Tempels, um den Versuch zu machen, in das Innere des Gebäudes und in die Gefängnisse der unglücklichen königlichen Familie zu kommen, — und that deswegen jene Frage an die Dame der Halle. Aber ich merkte bald, daß ich meine Frage nicht richtig gestellt hatte. — Die Sibille mit dem hagern, gelben Gesichte schwieg, maß mich mit starren Augen, und in ihren Gesichtsmuskeln arbeitete der Zorn. *Comment, monsieur l'étranger*, rief sie mit Ingrim und mit verzerrtem Ausdruck aus, *monsieur — qu'appelez-vous un château? château! Nous n'en avons plus, nous autres, grâces à Dieu!* u) Ich unterdrückte bei dieser nur zu bedeutenden Antwort des aufgebrachten Weibes, meinen Schrecken, der mir in demselben Augenblick die scheußlichen Szenen der vorigen Jahre, wobei die Zunft der Hallen - und Fischweiber ihre

***

u) Was ist das, Herr Ausländer! ein Schloß? Ein Schloß! dem Himmel sey Dank, daß wir andere dergleichen nicht mehr haben.

Furienrolle spielten, auf einemmal darstellte.
Pardonnez, antwortete ich, mich fassend,
*je parle de la prison de votre dernier
roi.* x) — Das Wort stimmte die häfsliche
Parze plötzlich um. — *Je vous entends, citoyen;
suivez - moi* y). Sie stand auf, begleitete
mich einige hundert Schritte weit, bis zu
dem grofsen Thore in der Strafse des Tempels, wo ich froh war, der lästigen Gesellschaft los zu werden. Sie hatte mich unter-
weges unterrichtet: ich sollte an das grofse
Thor klopfen, da würde der Thorwächter
öffnen, und mir jeden Winkel des Tempel-
thurms zeigen. Mir ward das Thor von
einem kleinen hagern Manne geöffnet, über
dessen blassem Gesichte ein schwermüthiger
Zug verbreitet lag, als litte er durch traurige
Erinnerungen. Ich stand hier auf einem
viereckten, mit Gebäuden umgebnen Hofe;
ein zweiter Thorweg führte in den innern
Hof, wo ich in der Ferne den Eingang zu
dem Tempel sah. Ich entdeckte dem Wärter

---

x) Verzeiht! ich meine das Gefängnifs eures letzten
König.
y) Nun verstehe ich! kommt mit mir, Bürger!

E

mein Anliegen. Sehr freundlich äuſserte er
seine Bereitwilligkeit, mir den Thurm und
alle Gefängnisse zu zeigen, und mir alles das
zu sagen, worin ihm sein Gedächtniſs getreu
geblieben sei; — nur dürfe er, ohne Erlaub-
niſskarte des Ministers des Innern, niemand
herumführen. — Ich versprach wiederzu-
kommen und eine Karte mitzubringen, die
auch leicht zu erhalten gewesen wäre, wenn,
in den ersten Tagen, mich nicht wichtigere
Gegenstände beschäftigt hätten. Bald darauf,
nach der Entdeckung von *Drouets* Verschwörungsplan, ward der Thurm, wohin einige
Gefangne gebracht wurden, nicht mehr
geöffnet; und nun muſste ich den Wunsch,
die nähere Bekanntschaft des mir interessant
gewordenen Gefangenwärters zu machen,
aufgeben.

Invaliden - Haus.

—◁◦◦▷—

Dieses Prytanäum der Vaterlandesvertheidi-
ger ist ein herrliches Denkmal seiner Stifter
und Erhalter. Auch die jetzige Regierung
wendet viel Sorgfalt darauf, um den verwundeten und nicht besiegten Kriegern, für
Alter und Krankheit, in diesem prächtigen
Gebäude ein weiches Lager zu bereiten. Es
gewährt einen wohlthätigen Anblick, wie
die durch Verstümmelung, oder durch hohe
Jahre zum Kampf unfähigen Soldaten sich
in der Sonne des vertheidigten Vaterlandes
wärmen, und hier, unbesorgt für die Zu-
kunft, Ruhe, Nahrung und Pflege finden.
Der mörderische Krieg, den Frankreich
gegen Europa führte, hatte das große Gebäude mit Krüppeln angefüllt; — — und was
ist diese Zahl gegen die unglücklichen Schlacht-
opfer einer ganzen Generazion in Frankreich und im Auslande, die mittel- oder unmittelbar durch ihn ins unwiederbringliche
Elend hinabgestürzt sind! Würden die Fürsten und ihre Gewaltigen, wenn sie den

Umfang dieses Menschenelendes kennten,
noch spotten über den menschlichen Plan
zu einem ewigen Frieden, als über das Phantom
müſsiger Philosophen?

Ein in der Vendée zum Krüppel geschoſs-
ner siebenzigjähriger Veteran, der dem Vaterlande fünf und funfzig Jahre gedient hatte,
und mit hellen Tränen im Auge klagte, daſs
es ein Bürgerkrieg war, womit er seine
Laufbahn endigte, strömte über, gegen mich,
vom Lobe der jetzigen Verfassung des Inva-
lidenhauses, und der gut besorgten Nahrung
und Pflege. Am Arme des gelähmten Grei-
ses durchging ich die fünf Höfe des kolossalen Gebäudes, und fand in den Sälen
Ordnung und Reinlichkeit, in dem Grade,
als es die jetzigen Zeitumstände, welche die
höchste Vollkommenheit solcher Anstalten
unmöglich machen, nur gestatten. — Die
herrliche Kirche war geschlossen; — auch
verlangte mich nicht sie wieder zu sehen,
da ich sie einst noch in ihrer Schönheit gesehen hatte. Ein Kriegsmagazin war sie
jetzt; alle Kunstwerke waren daraus hinweggenommen, und in die Depots dieser Werke
gebracht.

Es fehlt dem erhabnen Aeuſsern des Invaliden - Pallastes nichts, als die verherrlichende Inschrift des Invaliden - Hauses zu Berlin:

Læso, ac invicto militi z).

so unendlich viel schöner und rührender, als jene, durch die tausendfältigen ermüdenden Wiederholungen an allen öffentlichen und Nazional - Gebäuden, unkräftig gewordenen und nichts mehr sagenden Worte:

Unité, Indivisibilité de la République, Liberté, Egalité, Fraternité. aa)

doch hat man, in der unzähligen Menge dieser allenthalben angekleckslen Inschriften, am Ende das terroristische ou la mort bb) ausgelöscht, und an das Invaliden - Haus dafür gesetzt: Humanité, Justice. cc)

Mit den Empfindungen, die der Anblick des Aeuſsern und Innern dieses Hospitals

---

z) Dem verwundeten, und nicht besiegten Krieger.

aa) Einheit, Untheilbarkeit der Republik, Freiheit, Gleichheit, Brüderschaft.

bb) Oder Tod!

cc) Menschlichkeit, Gerechtigkeit.

und die Erinnerung an seine menschenfreund-
liche Bestimmung, weckt — kontrastirt die
Ansicht von vier auf dem weiten Zugangs-
platze des Gebäudes errichteten Gewehrgiefse-
reien und ihrer Inschriften, die mit zwölf-
zölligen Buchstaben an den acht frei stehenden Giebeln dieser niedrigen Häuser gleich-
lautend, und also achtmal wiederholt, gemalt sind:

*Fabrication des canons - de - fusils, pour
faire respecter aux tyrans l'unité et
l'indivisibilité de la République, ou
pour leur donner la mort.* dd)

Dieser ekelhafte Rest des Terroristen-
Auswurfs erregt jetzt das Lachen der Vorübergehenden, und die Pariser Polizei, sonst
so achtsam alles zu vernichten, was noch
an jene scheufslichen Zeiten erinnert, sollte
auch diese tolle Inschrift vertilgen.

dd) Fabrik von Flintenläufen, um die Tyrannen Achtung für die Einheit und Untheilbarkeit der Republik zu lehren, — oder ihnen den Tod zu geben.

Theater.

Panem et Circenses! ee) war immer das Losungswort der Pariser, ist es noch, und wird es bleiben; denn darin ist die Masse der Nazion, bei allen übrigen Trennungen in Meinungen, eins und ungetheilt. — Und so war es ja auch bei den alten Römern! mit welchen man dort, die Neufranken, bis in ihren ausschweifendsten Lastern, so gern vergleicht. »Brod und Schauspiel!« — Sie haben jetzt beides in Überfluſs, und als das erstere fehlte, blieb ihnen doch das letztere, zur Sättigung ihres Hanges zu Lustbarkeiten und zum Genieſsen, dem sie täglich und stündlich fröhnen. — Auch an den Tagen, da der Kopf des unglücklichen Königes fiel, — das Blut der ein und zwanzig Girondisten in Strömen vom Blutgerüste floſs, — die Heckatomben von Bürgern von Robespierre's Henkern geschlachtet wurden, waren die

---

ee) Brod, und Schauspiele!

Schauspielhäuser gedrängt voll! Vom Blutgerüste des Revolutionsplatzes ging es in die
Komödie! — *Robospierre*, der den Leichtsinn der Nazion kannte, beförderte auf alle
Weise die Befriedigung dieses Hanges, und
funfzehn Schauspielhäuser wurden täglich
geöffnet. Dem Tyrannen und seinen Henkern, den Prokonsulen in den Departementern, fehlte blofs der Apparat von Löwen
und Tigern, und ein Amphitheater von Rom
oder Verona: sie würden sonst, um auch
hier römisch und neronisch sich zu zeigen,
dem Volk öffentliche Thierkämpfe gegeben,
und die Tausende, die in Masse durch die
Guillotine, durch Erschiefsungen und Ersäu-
fungen umkamen, den Ungeheuern vorge-
worfen haben; und das feige Volk hätte,
der Neuheit dieser Zerfleischungen wegen,
so ruhig zugesehen, als es jenen Metzeleien
seiner Mitbürger zusah.

In den glänzenden Einrichtungen der
Schauspielhäuser, den täuschenden Dekorazionen, den Theatermaschienerien der Oper
und ihren Tänzen, erkennt man, so wie in
den grofsen Talenten der Schauspieler, das
alte Paris vollkommen wieder. Alles was

die Kunst vollkommnes darbieten kann, vereint sich hier. Die Verschiedenheit von der
vorigen Zeit zeigt sich blofs in dem veränderten Personal und Geist des Publikums
in den Schauspielhäusern, und in der Ausar-
tung der Schauspiele des Tages. — Auch
das Opernorchester fand ich verändert, und
weniger vollkommen wie vordem. Dagegen
hatte der Tanz und die ganze Darstellung
der Ballette einen Grad der Vollkommenheit
erreicht, der die Gränzen der Kunst noch
zu überschreiten schien.

Täglich werden, mit Ausnahme einiger
Ruhetage des einen oder des andern Theaters, die folgenden funfzehn Schauspielhäuser geöffnet:

Théâtre des Arts. Die grofse Oper.

Théâtre de l'Opéra comique, vordem
Théâtre italien.

Théâtre in der Strafse *Faydeau,* vordem
Théâtre françois.

Théâtre de la République, im *Palais
d'Egalité.*

Théâtre lyrique des amis de la patrie,
vordem *Théâtre Louvois.*

Théâtre des Vaudevilles.

Théâtre de la citoyenne Montansier, im *Palais d' Egalité.*

Théâtre d' Emulation.

Ambigu comique.

Théâtre de la Cité.

Théâtre de la rue Martin.

Théâtre du Marais.

Théâtre des jeunes artistes.

Variétés amusantes.

Théâtre patriotique et de Momus.

Zu diesen, erwartete man damals noch die glänzende Wiedereröffnung des, wegen antipatriotischer Händel, geschlofsnen schönen *Théâtre françois* in der Vorstadt *St. Germain*, unter dem stolzen athenischen Namen *Odeon.*

Jedes dieser Schauspielhäuser wird stark besucht; jedes hat sein eignes Publikum, seinen eignen Geist, seine eigne Vorzüge. In den zuerst genannten vier Theatern ist das Gedränge am gröfsten. Man mufs früh hineingehen, um einen bequemen Platz zu finden, oder eine Loge vorher miethen. An den Zahlkassen ziehen sich die Schweife von langen doppelten Reihen Menschen, durch die Portiken bis auf die Gasse hin-

aus, und rücken, nach der Ordnung der
Zuerstkommenden, langsam vor, um Billette
zu nehmen. Gassenjungen bieten vor den
Häusern akaparirte Billette aus, die man mit
Wucher bezahlen muſs, wenn man sich nicht
entschlieſsen will, den Kassenschweif durch
ein Glied zu verlängern.

Das Publikum der meisten sogenannten
kleinen Theater, welche aber alle so geräu-
mig wie die gewöhnlichen Theater in
Deutschland, und mit Geschmack dekorirt
sind, besteht gröſstentheils aus den niedern
Klassen. Davon zeugt schon die Stickluft,
die man am Eingange riecht und einhaucht.
Aber auch fast jedes dieser kleinen Theater
zeichnet sich durch einige gute Schauspieler,
Sängerinnen, oder durch ein gutes Orchester,
so oder anders, aus; und in der That, es
verlohnt sich der Mühe, einige Abende der
Runde in diesen Schauspielhäusern zu wid-
men. Nirgend wird so herzlich und kräftig
gelacht, als in diesen Tempeln der Volks-
götter. Aber man verschlieſse die Nase —
und noch mehr, die Taschen! denn auch
nirgend werden Taschenspielerkünste so ge-
wandt getrieben, als am Ausgang aus diesen,

so wie aus den großen Theatern. Hier findet *Pinetti* Meister in seiner Kunst. Es ist die Sache eines Umsehens, und Uhr, Tobacksdose, Schnupftuch und Brieftasche sind im Umlauf bis in die zehnte Hand. Besonders war zur Assignatenzeit die Brieftasche das Ziel der Diebskünste. Vergebens glaubte man seinem Papierhüter einen Sicherheitsort in einer untergenäheten Rocktasche an der linken Brust, zu bereiten; vielmehr war bei dieser Maßregel selbst das Leben in Gefahr: denn die Taschendiebe wußten mit dem Schnitt eines scharfen Messers die Stelle des zugeknöpften Rocks zu theilen, wo der Schatz steckte. — Wehe dann! wenn dieser Kaiserschnitt, um zu theilen und zu rauben, von einem ungeschickten Neuling in der berüchtigten Kunst geführt ward, und die Brust statt die Tasche traf! Deswegen trug man sein Portefeuille tiefer noch, in einer untergenäheten Westentasche. Mehrere dieser Diebe machen Anspruch auf den Ruhm der *loyauté* ihres Handwerks, und einer meiner Bekannten erfuhr diese eigne Art von Ehrlichkeit. Er war seines Taschenbuchs beim Ausgang aus der Oper beraubt, und am

andern Morgen wurden ihm seine Fremdenkarte, sein Paſs und einige andre, dem
Diebe unnütze Papiere, die in dem Portefeuille waren, durch die kleine Post, versiegelt ins Haus geschickt.

Der Geist des Tages und die herrschende
Stimmung des Pariser Publikums offenbart
sich nirgend so, als in den Schauspielhäusern, und es ist eine interessante Unterhaltung, diese Erscheinung zu beobachten. —
Unversöhnlicher Haſs gegen den vertilgten
Terrorismus und gegen jede willkührliche
Gewalt, Achtung für das Andenken der ermordeten Opfer der Anarchie, Liebe für ge-
mäſsigte und milde Grundsätze, Duldung des
bessern Theils der Ausgewanderten, Liebe
für die Vertheidiger des Vaterlandes, heiſse
Wünsche eines baldigen allgemeinen äuſsern
und innern Friedens, — das war damals die
herrschende, auch in den Schauspielhäusern
sichtbar werdende Stimmung der Nazion.
Mit enthusiastischem Beifall wurden alle
Stellen eines Stücks aufgenommen, die eine
dieser schönen Saiten der Empfindung be-
rührten, und der Verfasser eines neuen
Stücks konnte zu seinem Vortheile das

Publikum nicht wirksamer bestechen, als mit
vielen solchen Anspielungen. — Wagte es
ein verkappter Terrorist, unter der Menge
der Zuschauer, wie es manchmal geschah,
bei solchen Stellen zu pfeifen; so brach ein
wüthendes Geschrei aus: *à bas le siffleur!* —
à bas le Jacobin! — à bas le Chouan! ff)
Das Haus war dann in einem stürmischen
Aufstande; Parterre und Logen waren in Bewegung, und in einer Viertelstunde war an
keine Ruhe zum Fortspielen des Stücks zu
denken; bis es einem Zuschauer oder Schauspieler glückte, durch Anstimmung eines beliebten patriotischen Liedes, oder durch den
Zuruf einer für den Moment passenden
Phrase, den Zorn herabzustimmen, den Lärm
in Beifallklatschen zu verwandeln, und so
die Ruhe wieder herzustellen. — Ähnliche
Zwiste entstanden bei den patriotischen Lie-
dern, welche, auf Befehl der Regierung,
von den Schauspielern zwischen den beiden
Stücken gesungen werden mußten. Das Di-

---

ff) Nieder mit dem Pfeifer! — dem Jakobiner! —
dem Chouan!

rektorium sah diesen öffentlichen Gesang
patriotischer Lieder für ein Mittel an, den
immer tiefer sinkenden Gemeingeist der Pariser zu heben. Anfangs schien es zu wirken:
man hörte unter einmüthigem Beifall einige
dieser durch Komposizion und Inhalt vorzüglichen Lieder; — bald aber hinderte der
Zwang, sie auf Befehl singen zu müssen, die
gehoffte Wirkung, und nun mischte sich die
immer thätige Kabale der gegen die Regierung gestimmten Partei hinein: denn so
ziemlich einstimmig man in den vorherge-
nannten Grundsätzen ist, so fehlt doch noch
unendlich viel, dafs diese, im ewigen Widerspruch mit sich selbst lebenden Menschen,
der jetzigen Regierung sich anschlössen, und
dieses öffentlich bewiesen. — Die starke
Gegenpartei der Regierung war übereinge-
kommen, gewisse Stellen der Lieder, im um-
gekehrten Sinn auf das Gouvernement anzu-
wenden, und sie unter brüllenden Bravoru-
fen zu beklatschen. Dies geschah jedesmal
an dem am meisten gesungnen Liede: *Veil-
lons au salut de la France*, bei der Wieder-
holung der Stelle: *Tyrans, tremblez, vous
allez expier vos forfaits*, und: *poursuivons*

les tyrans etc. gg) Unter *Tyrans* wurden
von diesen, ewigen Krieg begehrenden Menschen, die fünf Direktoren verstanden, weil
sie sich in der Führung ihres Amts männlich
und stark, aber auch mit Ernst und Strenge
zeigen. — Um diesen Parteienkampf zu en-
digen, ist der Befehl, patriotische Lieder im
Schauspiele zu singen, nachher zurückge-
nommen.

Das gedrängteste, gemischteste und deswegen auch unruhigste Publikum, war im
Theater der Republik, im *Palais d'Egalité.* Hier erhoben sich am häufigsten jene
streitbare Parteien im stürmischen Kampfe
gegen einander, und hier gaben die aufge-
führten, auf die Zeitumstände passenden
Stücke, auch die meiste Veranlassung dazu. —
Der, einige Zeit als Terrorist verdächtig gewesene *Talma,* ist der erste Schauspieler
auf dieser Bühne. Mit einer glücklichen
Theaterfigur verbindet er tiefe Kenntniss
der Deklamazion, — und den kraftvollsten
Ausdruck starker Leidenschaften. Nur ist

---

gg) Tyrannen zittert, eure Verbrechen sollt ihr bü-
fsen! — Lafst uns sie verfolgen, die Tyrannen!

seine Stimme etwas eintönig und singend,
und seine Deklamazion nicht ganz frei von
dem Vorwurfe wilder Übertreibung, den man,
mit konvulsivischen Verzerrungen des Körpers, bei der Mittelgattung französischer
Schauspieler gewohnt ist, — oder vielmehr,
woran der, die Darstellung der veredelten
Natur auf dem Theater liebende, Zuschauer
sich nie gewöhnen kann. — Die beiden
Brüder *Battiste*, *Monvel* und *Monville* sind
auch vorzügliche Schauspieler dieses Theaters.

Der Geschmack des Publikums ist, in
Absicht der Produkte dramatischer Kunst,
dort völlig so verderbt, wie in Deutschland;
nur schweift er von einer andern Seite aus,
wohin ihm aber auch unser, so gern äffen-
des Publikum, noch vielleicht einst folgen
wird. Es sind nicht, wie bey uns, die lärmenden Ritterstücke und faden Opern, die
dort ihr Glück machen würden: denn die
ausschweifende Phantasie ihrer dramatischen
Dichter und des republikanischen Publikums
nimmt einen kühnern Flug in die Regionen
des Ungeheuren und Gräfslichen. Ein junger,
nicht genieloser Dichter, *Lemercier*, machte
viel Glück mit seinem neuen Stück *le Lévite*

F

d'Ephraim, dessen Ekel- und Grauen- erre-
gender Gegenstand,' die Schändungs - und
Mordgeschichte im 20st. K. des Buchs der
Richter ist. Die mehr als kannibalische Szene,
in welcher das Weib zu 'Tode geschändet
wird, und der, aus Rachedurst rasend gewordene, Levit sich über den entehrten
Leichnam seiner Geliebten hermacht, ihn in
zwölf Stücke zerfetzt, und diese den Stämmen
zuschickt — erzählt der Levit, mit den
kleinsten, bis zum höchsten Ekel und Abscheu ausgemalten Umständen: — er erzählt
sie, — wem? dem V a t e r der Ermordeten!—
Ein zweites Trauerspiel von *Arnault*, Verfasser von *Marius* in *Minturnae*, hat den
Freundesmord O s k a r s , aus dem Ossian,
dem jetzigen Lieblingsdichter der Franzosen,
zum Gegenstand; und dieser barbarische
Stoff einer Theaterdarstellung ist, mit den
grellsten Farben gemischt, ganz benutzt, um
ihn noch mehr zu barbarisiren, wozu das
exzentrische Spiel *Talma's*, als Oskar, in einzelnen Szenen, noch beiträgt.

Besser gestimmt ist der Geschmack in
dem Theater der Strafse *Faydeau*. Hier
glänzt noch *Molé*, der *Roscius* der französi-

schen Bühne, in aller der täuschenden Wahrheit des Spiels, Zartheit der Karakterbehand-
lung, und Richtigkeit der Deklamazion; —
und neben ihm die schöne *Contat*, vor
zwölf Jahren eines der liebenswürdigsten und
verführerischsten Weiber, und auch jetzt,
obwohl sie körperlich fast zu stark geworden
ist, noch voll Anmuth, Grazie und unüber-
treflicher Natur des Spiels. Neben diesen
beiden, unstreitig gröfsten Künstlern der
jetzigen Bühne Frankreichs; ist auf demselben Theater, *Fleury*, ein braver Schauspieler, und die reizende *Lange* hh), eben so
unwiderstehlich hinreissend auf dem Theater,
als liebenswürdig und hospital gegen Fremde,
in ihrem mit übermüthiger Pracht und dem
feinsten Geschmack eingerichteten Hause,
wo ich eine interessante Gesellschaft von
vorzüglichen Pariser Gelehrten und Dichtern,
zu Aspasiens Füsen, fand. — Vorzüglich
werden auf diesem Theater die leichten
Konversazionsstücke gegeben, in deren Vor-

---

hh) Eben die, welche jetzt mit einem jungen Verschwender über ihr Kind einen interessanten Pro-
zefs führt.

F 2

stellung kein deutscher Schauspieler —
Iffland in einigen Stücken ausgenommen —
den durch Erziehung und Weltumgang so
ganz anders gebildeten Franzosen erreicht.

Die Prachtstücke der grofsen Oper, mit
ihren herrlichen Dekorazionen und Balletten,
umfassen alles was das Auge entzückt, und
den nüchternsten und kältesten Zuschauer,
der sie zum erstenmal sieht, überraschen,
und zur lauten Bewunderung fortreifsen
kann. Hierber gehören vornämlich die beiden Ballette *Télémaque* und *Psyché*, von
deren Zauber sich durch die ausführlichste
Beschreibung keine anschauliche Idee geben
läfst; und es würde ein vergeblicher Versuch
sein, die von dem Ganzen solcher Darstel-
lungen durch Auge und Ohr empfangenen
Eindrücke, durch Worte wiedergeben zu
wollen. — Sie sind das höchste der Erfindung in der Zusammensetzung, und im
Theatermaschienerienwesen; — sie sind der
Triumph der Tanzkunst, — und hier ist ihre
Gränze. — Die raschen, leichten und nie
stockenden Szenenveränderungen, die Me-
teore, das Erscheinen und Verschwinden
von Göttern in Wolkengruppen oder in

ihren Wagen, ist vollkommen, voll täuschen-
der Wahrheit und malerischer Wirkung.
Aber das Höchste menschlicher Gewandheit
und Kunst, sind die Tänze selbst, — *Vestris*
Tänze! — In der That, jede Rückerinnerung an diese das Auge fesselnden Szenen,
fällt auf diesen in seiner Art einzigen Künstler allein zurück, und bei allem gerechten
Lobe, das ein *Gardel, Nivellon* und *Deshayes,* und die reizenden Tänzerinnen,
Clotilde, Duchemin, Chauvigny und *Perignon,* und vordem auch die *Guimard* ii)
verdienen, ist *Vestris* doch unerreichbar der
vollendetste Künstler. — Ich sah die treflichen Tänzer *Nivellon* und *Deshayes* früher
als *Vestris*; und die Anmuth und Leichtigkeit ihres Tanzes schien mir unübertreflich; —
aber neben *Vestris* erschienen sie steif und
schwerfällig. — Seine Erscheinung auf der
Bühne heftet den Blick auf ihn allein. Selbst
dann, wenn er mit der ihm eignen unnach-

---

ii) Wenig Wochen vor meiner Ankunft in Paris,
hatte diese übersechszigjährige merkwürdige Künst-
lerin, noch einmal, mit allgemeinem Beifall ge-
tanzt.

amlichen Grazie in der gewöhnlichsten Bewegung jedes Theils seines schönen Körpers,
über die Bühne hinschreitet, oder neben
andern Tänzern einen Augenblick blofs figurirt, sieht man nur auf ihn, und bemerkt es
kaum, wenn neben ihm das liebenswürdigste
Mädchen alle ihre Reize aufbietet, um zu
gefallen und Beifall zu erndten. — *Vestris*
tanzt den *Télémaque* in diesem Ballet, und
den *Amor* in dem Ballet *Psyché*. — Vollkommnes Ebenmafs der Figur, höchste Grazie
der Stellungen und der malerischen Haltung,
Leichtigkeit der Bewegungen, Biegsamkeit
aller Glieder, und eine Gewalt über seinen
Körper bei jeder noch so schnellen und
raschabwechselnden Wendung; — diese Eigenschaften vereinigen sich in *Vestris* in
jedem Moment seines Tanzes: wenn er im
Hintergrunde, aus einer sich plötzlich öffnen-
den Gruppe, malerisch hervortretend auf
der Bühne erscheint; nun, mit der Schnelligkeit eines Augenwinks, auf die Vorder-
bühne fliegt; hier in den malerischsten Stellungen figurirt, und nun den Tanz beginnt:
oder wenn die grofse Masse der Figuranten
sich entwickelt, und er, zwei reizende Mäd-

chen, *Chauvigny* und *Perignon*, die eine
im Arm, die andre an der schwebenden
Hand haltend, eine der üppigsten Gruppen
darstellt; diese verschlungne Gruppe sich
langsam trennt, nun wieder anders gestellt
dasteht; und dann die drei, mit einander
tanzend, um den Preis des lautesten Beifalls
ringen, und am Schluß des Wechseltanzes
sich zu einer neuen Gruppe wieder vereinigen: oder endlich, wenn *Vestris* im Allein-
tanz, mit einer für des Zuschauers Auge
schwindelnden Schnelligkeit, auf einem Fleck
des Bodens, vielleicht zwölfmal sich im Wir-
bel drehet; — und nun, wie plötzlich ange-
wurzelt, auf einer Fußspitze, das andre
Bein und die beiden Arme, — wie die an-
muthige Merkurstatüe von Medicis, — da
steht! — — So sehr *Vestris* aber auch diese
letzre Wendung liebt und darin gefällt, indem er dadurch die Herrschaft über jede
Bewegung seines Körpers, der nie durch
einen Fehltritt oder durch Schwanken, sein
genauestes Gleichgewicht verliert, beweiset;
so ist doch zu wünschen, daß er sich dieser
Lieblingspartie seines Tanzes, durch den
lärmenden Beifall, womit man ihn lohnt,

verleitet, nicht zu oft überliefse, auch sich
weniger als er manchmal thut, in gewaltsa-
men Sprüngen übte; — weil sein Talent dadurch zur Springerkunst herabsinkt. — Durch
einen äuiserst einfachen und glücklich gewählten Anzug weifs *Vestris* seinen Körper
und das schöne Ebenmafs aller Glieder, aufs
vortheilhafteste hervor zu heben. Seine Kleidung ist immer eine weifse, bis an das Knie
reichende Tunika, mit farbigem Bande ge-
säumt; man möchte sie vielmehr eine Schürze
nennen, die den Hüften anschliefst, und die
Schenkel halb bedeckt. Der ganze Körper
ist in röthliche Seide genähet, und das
krause, blonde Lockenhaar umschlingt ein
blaues Band. — Als *Télémaque* trug er,
wenn er nicht tanzte, über diesem Anzuge
blofs einen grofsen dunkelrothen Mantel, mit
reichgesticktem Saum, nachläisig umgeworfen,
den er mit Anmuth und Leichtigkeit, malerisch gefaltet, über die eine Schulter schlug,
sich bald darin hüllte, und ihn bald wieder
entfaltete, und auf die Hüften niedersinken
liefs. Die Kunst malerischer Darstellung ist
in allen diesen anscheinenden Kleinigkeiten
aufs höchste von *Vestris* studiert, und er

verfehlt nie die Wirkung aufs Publikum, das
in ihm den Gott der Tanzkunst sieht und
enthusiastisch bewundert.

In der grofsen Oper ist *Laïs* der erste
Sänger; ein treflicher Tenorist. Seine Stimme
ist schmelzend, sein Vortrag geschmackvoll,
und auch sein Spiel ist gut. Die dicke, fast
kolossal grofse und breite *Maillard*, ist die
erste Sängerin. Sie übt ihre furchtbare
Stimme in brüllender Deklamazion, und ihren
muskulösen Körper in bacchantischen Bewegungen. Schade, für ihre kraftvolle Stimme
von grofsem Umfang, die sie weniger mis-
brauchen sollte. Sie hatte, aus übler Laune
über die Direkzion, vor einigen Monaten das
Theater verlassen, und die reizende *Latour*,
eine eben so gute Schauspielerin als Sängerin, vertrat ihre Rollen. Besser gespielt und
gesungen sah ich die *Dido* von Marmontel
und Piccini nicht, als von ihr. Ihr Spiel
und Gesang erinnerten auch lebhaft an die
liebenswürdige *S. Huberti*, von welcher ich
im Jahr 1784 diese Rolle zuerst auf das
Theater gebracht sah. Sie hatte die schöne
Figur der *Latour* nicht, aber sie behauptete
ihre Vorzüge in der Deklamazion der Rezi-
tative.

Zwei patriotische Lieder wurden im vorigen Sommer mit grofsem Pomp und theatralischen Vorstellungen in der Oper gegeben: *la Chant du départ*, und *l'Offrande à la Liberté*. — Die Rückerinnerung an das immer neue Vergnügen, mit welchem ich die Vorstellung, besonders des erstern Gesanges, sah, hat zu viel Reiz für mich, um mir die Mittheilung einer leichten Skizze davon hier versagen zu können.

Ein Ungenannter hat den Text des *Chant du départ*, auch *Hymne de guerre* genannt, gemacht, und *Méhul* ihn in Musik gesetzt. Jener hat, mit Auswahl einiger Stellen, kein grofses dichterisches Verdienst; diese ist voll Kraft und Wirkung, und der Abmarsch der Vaterlandsvertheidiger gegen die feindlichen Heere, der Gegenstand der Hymne. — Unter einer feierlichen Kriegsmusik rollt der Vorhang auf. Eine dreifache Linie zum Abmarsch gerüsteter Krieger, steht von der rechten Vorderseite bis in den Hintergrund, zur Linken der Bühne unter dem Gewehr aufmarschiert: vor der Fronte eine Gruppe Offiziere. Ein Volksrepräsentant im Kostume, tritt hervor, um die Soldaten zu haranguiren, und singt:

La victoire en chantant vous ouvre la barrière;
La liberté guide vos pas:
Et du Nord au Midi la trompette guerrière
A sonné l'heure des combats etc.

   La République nous appelle:
   Sachons vaincre ou sachons périr;
   Un François doit vivre pour elle,
   Pour elle un François doit mourir. kk)

Das Chor der Krieger wiederholt die vier
letzten Zeilen. Die Linie schwenkt sich
unter Trommelschlag auf die entgegengesetzte
Seite. Die Familien-Mütter erscheinen, und
fordern ihre Söhne auf, für das Vaterland
zu kämpfen:

   Tous vos jours sont à la patrie;
   Elle est votre mère avant nous. ll)

Das Chor folgt, wie vorher. Die Kolonne macht eine Evoluzion, und nun treten

---

kk) Mit Gesang öffnet der Sieg euch die Thore. Die
Freiheit leitet euch. Vom Mittage bis zur Mitter-
nacht hat die Kriegstrompete des Kampfes Stunde
verkündigt. Euch ruft die Republik. Sieget,
oder wißt zu sterben. Für sie lebt der Franzose;
er stirbt für sie.

ll) Eure Tage gehören dem Vaterlande. Dieses ist
eure Mutter, ehe wir es waren.

die Väter hervor, um ihre scheidenden Söhne
ihrer grofsen Bestimmung entgegen gehen zu
sehen. Vor ihnen macht die Linie eine neue
Evoluzion, und nun eilen die Weiber und ihre
Kinder herbei. Ein rührender Moment!
Während des Gesanges der erstern, rennen
die kleinen Knaben hin zu ihren Vätern,
klammern sich an, hängen an ihrem Halse;
die Väter nehmen sie auf ihre Arme, decken
sie mit Küssen; dann laufen die Kinder
durch die Glieder zu andern Soldaten hin,
umfassen auch sie, klettern an den Geweh-
ren hinauf. — Die rührende Szene spricht
zu dem Gefühle jedes Zuschauers! Die Mütter und Weiber haben, während einer neuen
Schwenkung der Kolonne, den Hügel im
Hintergrunde erstiegen, und bilden hier malerische Gruppen. Die letztern singen:

Partez, vaillans époux, les combats sont
vos fêtes;
Partez, modèles des guerriers:
Nous cueillerons des fleurs pour en ceindre
vos têtes;
Nos mains tresseront vos lauriers.
Et si le temple de Mémoire
S'ouvroit à vos mânes vainqueurs,

Nos voix chanteront votre gloire,
Et nos flancs portent vos vengeurs. **m m**)
La République vous appelle etc.

Nach diesem letzten Chor schwören die Krieger, auf das Schwert ihres Anführers, zu kämpfen für Freiheit und Frieden. Nun wird zum Abmarsch geblasen, und die Kolonne marschiert unter Kriegsmusik den Hügel hinan. Hier werden die Soldaten von ihren Weibern empfangen; die Kinder fliegen ihren Vätern noch einmal in die Arme, — und der Vorhang fällt unter dem jauchzenden Zuruf der Zuschauer. — Am lautesten war der lange nachhallende Beifall, mit welchem diese wöchentlich mehreremal gegebene Vorstellung sich endigt, an den Tagen, da die so unvermuthete und mit allgemeinem Unwillen aufgenommene Nachricht von der Aufkündigung des Waffenstillstandes am

---

m m) Geht hin, tapfre Männer, Muster von Kriegern. Blumen wollen wir pflücken, um eure Scheitel zu bekränzen; flechten sollen unsere Hände den Lorbeer für euch. Und öffnet sich dann euern siegreichen Manen der Tempel des Nachruhms, so wollen wir euern Ruhm singen, — und unser Schoos trägt eure Rächer.

Rhein nn) in Paris angekommen war. Der
Nachruf: *la victoire! et la paix!* oo) war allgemein.

L'Offrande à la Liberté, ein Schauspiel,
das mit grofser Pracht auf dem Operntheater
gegeben wird, ist die berühmte Kriegeshymne, der Marseiller - Marsch genannt, —
so voll Hoheit und Würde, Ausdruck der
Empfindung und der Leidenschaft, Kraft und
Feuer in der Komposizion, von *Rouget de
Lille*. — Ich hörte Soldaten sagen: dieser
allmächtige und erhabene Gesang begeistre
die Armeen zum Kampf; jeder Soldat sänge,
wenn, mitten im Feuer des Angriffs und
zwischen dem Kanonendonner, diese allge-
liebten Töne erschallten, in einem sich allen
mittheilenden Enthusiasmus, den Gesang mit,
und finde oder gebe so den Tod. — Treffend war daher der für den französischen
Dichter schmeichelhafte Bewillkommnungs-
grufs *Klopstock's*, als *Rouget de Lille* ihn

***

nn) Dem das Elend eines grofsen Thails von Deutschland — und die Schande der indisziplinirten Armeen
folgte!

oo) Sieg! Frieden!

im vorigen Sommer in Hamburg besuchte.
»Sie sind, sagte er zu ihm, ein schreckli-
cher Mann : denn funfzigtausend brave
Deutsche haben Sie erschlagen!« — *Rouget*
war, so erzählte mir dieser liebenswürdige
Mann in Paris selbst, als Ingenieuroffizier
in Strafsburg, als beim Anfang des um Freiheit und Vaterland beginnenden schrecklichen Kampfes, man nichts als Gassenhauer
auf den Krieg hörte. Man forderte ihn auf,
eine Kriegeshymne zu dichten. In einer
Stunde der Dichterbegeisterung schlofs er
sich ein, und in einer Nacht war die Hymne,
und zugleich die von ihm selbst verfertigte
Musik dazu vollendet. Dieser Hymne und
des von dem Dichter im Kriege bewiesenen
ausgezeichneten Muthes ungeachtet, ward
Rouget zweimal, bald des Royalismus, bald
des Terrorismus beschuldigt, verhaftet!
Die schönste Szene der prächtigen Darstellung dieser, unter vielen Abwechslungen
des Spiels gesungnen Hymne, in der Oper,
ist der Moment, wenn vor der Anstimmung
des letzten Verses: *Amour sacré de la patrie!* unter einem feierlichen Marsch, ein
Zug von Kriegern mit fliegenden Fahnen,

und von Mädchen, Jünglingen und Kindern
in den Tempel der Freiheit einzieht, die
letztern, um auf dem Altar des Vaterlandes
ein Opfer von Blumen und Früchten zu bringen. Vor der Göttin des Tempels, sinkt
hier die große Menge Menschen aufs Knie
nieder, während unter gedämpfter Musik-
begleitung der letzte Vers gesungen wird.
Am Ende der Strophe: *Que nos ennemis ex-
pirans voient ton triomphe et notre gloire!*
erschallt plötzlich in der Ferne der feindliche
Kanonendonner, — und in dem Moment ist
auch das Waffengetümmel allgemein. Das
Wirbeln der Trommeln, das Klirren der
Waffen, und die Kriegstrompete, tönt zu
dem Kriegsgeschrei: *Aux armes!* — Auf dieser Seite entfliehen die Weiber und Kinder;
auf jener stürmen die Krieger dem Feinde
entgegen; — und der Vorhang fällt.

Als ich vor zwölf Jahren aus Italien nach
Frankreich kam, war mein Ohr durch die
berühmten Orchester in Venedig und Neapel
verwöhnt: demungeachtet machte das Pariser
Opernorchester einen großen Eindruck auf
mich, und zwang mir Bewunderung ab.
Dieser vormalige Glanz der Oper ist nicht

mehr. Das Orchester fand ich lange nicht
so stark, wie vordem, besetzt, schlechter
angeführt, und der Geist des belebten, prä-
zisen, kraft - und geschmackvollen Vortrags
war von ihm gewichen. — Die Operndi-
rekzion verdiente vielleicht weniger den Vorwurf, diesen Mangel durch Eigensinn und
Geiz selbst zu veranlassen, als er sich sonst
erklären läfst. Die Kunst darbt hoch in
Frankreich, — und wo nimmt der Künstler
Kraft her, wenn ihn Mangel drückt? So
bald wird, bei der Finanzenzerrüttung in
Frankreich, die schöne Epoke der Erfüllung
der Wünsche einer Regierung, welche Künste
und Wissenschaften beschützt und eifrigst
befördert, noch nicht kommen, um die
Künstler nahrungssorgenlos zu machen, und
ihnen einen gewissen mäfsigen Wohlstand
wieder zu geben: — und Paris besitzt noch
viele verdiente Tonkünstler, deren Talent
dieser Belohnung würdig ist. Die folgenden
sind die beliebtesten, und sind Virtuosen zu
nennen; wiewohl ich das Verzeichnifs, besonders in Ansehung der Sänger, nicht für
ganz vollständig ausgebe.

G

Tonsetzer: *Gosseo*, *Méhul*, *Gretry*, *Lesueur*, *Cherubin*, *Martini* und *Langlé*.

Violine : *Kreutzer*, *Rode* , *Lahaussaye*, erster Violinist des Faydeau Theaters. *Guénin*, erster Violinist der Oper. *Viatti* und die beiden Brüder *Blasius*.

Violoncell: *Jeanson*, zwei Brüder, wovon besonders der ältere viel leistet.

Flöte: *Hugot*, vorzüglich stark. *Devienne*, zugleich ein angenehmer Komponist.

Baſſon: eben dieser *Devienne*, *Ozi*, *Delcambre*.

Hautbois: *Sallentin*, vortreflich.

Klarinett: *Lefevre* in der Oper.

Horn: *Punto*, der gröſste jetzt lebende Virtuose auf diesem Instrument.

Pianoforte : *Steibelt* , ein vorzüglicher Künstler, auch als Orgelspieler; *Herrmann*, sehr stark; die Brüder *Jadin*, geschickte Spieler und Komponisten; *Sejan*, ein braver Orgelspieler, den ich mit Vergnügen einigemal auf der schönen Orgel in der Kirche *S. Sulpice* hörte, wiewohl er in der Behandlung des Instruments unter dem Abt *Vogler*, und die Orgel mit mehrern vortreflichen deutschen Orgeln, auch in den hamburgischen Kirchen, nicht zu vergleichen ist.

Vorzügliche Sänger und Sängerinnen.

Oper: *Lais*, erster trefflicher Sänger, *Cheron*, eine schöne Bafsstimme. — Mlle. *Maillard*, eine gewaltige Stimme von grofsem Umfange. Mlle. *Latour*, eine schöne, volltönige biegsame Stimme.

Opéra comique, vordem *les Italiens* genannt: Mad. *Davrigny*, vordem Mlle. *Renaud*, eine trefiliche Sängerin, wegen der Leichtigkeit der Stimme und Richtigkeit der Intonirung. *Chénard*, *Michu*, *Martin*, Mad. *S. Aubin* und Mad. *Dugazon*.

Öffentliche Lustbarkeiten.

Die mannigfaltigen Quellen der Freude, die
auch dem Mittelstande und den niedern
Volksklassen in Paris vordem in Menge flos-
sen, und an welchen sie so gern sich lager-
ten und tränkten, sind ihnen jetzt zwar
nicht alle vertrocknet, aber ihr überströmen-
der Zufluſs hat sich doch sehr vermindert.
Kein Wunder, bei der Lage der Dinge und
der veränderten Stimmung eines so groſsen
Theils der vormaligen Theilnehmer! Der
rauschende Ton gemeinschaftlicher Freude
und Belustigungen, bei Musik und Tanz,
welcher vordem, besonders in den Vorstädten, auf den Gassen und aus den Häusern,
wo die niedern Klassen ihre Versammlungs-
örter hatten, erschallte, ist herabgestimmt
und sehr kleinlaut geworden. Ein gewisser
finstrer stoïscher Zug der Gleichgültigkeit,
gegen sonst selbstgewählte Freuden, drückt
sich, des leichtsinnigen Nazional - Karakters
ungeachtet, noch einem groſsen Theile der
niedern Volksklassen, wo man groſse Men-

schenmassen bei einander findet, sichtbar
auf, und wird, vor dem allgemein erwünsch-
ten Frieden wenigstens, nicht wieder verlö-
schen: und in der That tragen die öffentlichen Volksfeste, bei ihrer jetzigen Einrichtung, nicht dazu bei, die Freude hervor-
zurufen.

Von den Lustbarkeiten höhern Ranges,
Konzerten, Bällen, Gartenbeleuchtungen und
Feuerwerken für die wohlhabendern Klassen,
fand ich mehrere stark, und andre wenig besucht, und den kleinsten Theil derselben eigentlich glänzend durch die Gesellschaft, die
sich hier versammelte. — Mit nur geringer
Ausnahme fand ich an diesen, so wie an
andern öffentlichen Orten, in der Kleidungs-
art der Weiber, sowohl in Absicht der Wahl,
des Geschmacks und Glanzes, als auch in
Absicht der innern Güte des Putzes, die
jetzigen Zeiten mit den vorigen nicht ver-
gleichbar. Nicht als ob sich die neuen Re-
publikanerinnen einer spartanischen Simpli-
zität befleissigten: nein, fürwahr, sie sind
hiervon so weit, als von den Übungen in
andern republikanischen Tugenden, nur zu
weit entfernt. Es schien vielmehr aus übler

Laune zu geschehen, daſs die Damen ihren
Anzug vernachläſsigten. Aber das ist, wie
die Laune der schönen Tyranninnen des
Männergeschlechtes, ephemerisch: — und
vielleicht ist schon jetzt, da ich diese Erfahrung niederschreibe, sie durch die That widerlegt, und der glänzende Tempel der
Göttin Mode, mit allen seinen Dekorazionen des Luxus und Geschmacks, der Welt
aufs neue wieder geöffnet.

Wenzel und *Rugieri* waren die Haupt-
unternehmer der feinern Arten öffentlicher
Lustbarkeiten im vorigen Sommer, und die
von ihnen geöffneten Tempel des Vergnügens wurden am meisten besucht. — *Wenzel's* vortreffliche Blumenfabrik, welche
sonst die täuschendsten Nachbildungen der
Natur lieferte, war in Stillstand gerathen,
weil es an Abnehmern und an Versendung
seiner Waaren fehlte. In dem Fabriksaal
waren nur noch wenig Arbeiterinnen, welche
die Blumen, nach einer von den ersten
Blumenmalern verfertigten, an den Saal-
wänden geordneten Sammlung aller bekannten Blumen - und Laubarten bildeten.

Reichlicher ernährt *Wenzel* seine Unter-
nehmung von Konzerten und Bällen, die er
auf Subskripzion in seinem Hause giebt. Das
Orchester ist vorzüglich gut, und die ersten
Virtuosen lassen sich darin hören. Die Versammlung ist zahlreich und glänzend. Bälle
folgen an demselben Abende den Konzerten,
in einem andern artig dekorirten Saale. Auch
bei diesem ist die Gesellschaft abwechselnd
zahlreich, mehr aber zum Zusehen, als zum
Tanz versammelt. — Sehr karakteristisch
für die jetzige Zeit der Wiedergeburt guter
äufsern Sitten, und der von den Sanskülot-
tes so gemishandelten Wohlanständigkeit, war
der Inhalt von zwei Anschlagzetteln in dem
Tanzsaal. Die *Citoyens dansans* wurden
darin von den *Citoyennes dansantes* freund-
lichst ersucht, nicht in Stiefeln zu tanzen,
wodurch ihr Anzug bisher zu Grunde gerichtet sei; auch nicht in Pantalons, kurzen We-
sten und in ähnlichen Dekorazionen der
ci - devant - Sansculottes zu erscheinen,
auch in dem Tanzsaale die Hüte abzunehmen. Es schien, als ob die Citoyens sich
hätten erbitten lassen: denn der Stiefel-
tanz war verschwunden, und nur noch

einige Pantalons ließen sich zuweilen sehen.

Die *Fêtes champêtres* in *Rugieri*'s Garten, in der Straße Lazare, werden immer mit vielem Wortgepränge in den kleinen Pariser Anzeigen angekündigt. Man ist in solchen Fällen gewohnt, den Reichthum bloß in Worten, und die Sache selbst sehr dürftig zu finden; doch ist das bei *Rugieri* nicht der Fall. Die Beleuchtung des freiliegenden Gartens ist mit Geschmack erfunden. Man tanzt auf einem runden Platz in dem Gebüsch; das Orchester für die Symphonien ist ganz gut, und das Feuerwerk, womit das sogenannte ländliche Fest schließt, macht Wirkung.

Längs den Boulevards und in den Vorstädten, sind noch einige Häuser und Gärten, wo Tänze und Beleuchtungen gegeben werden: sie werden aber von guter Gesellschaft nicht viel besucht. Es sind die Tempel der Untergöttinnen und ihrer Anbeter.

Geist des Zeitungswesens.

Das Zeitungswesen ist, als Unterhaltung müfsiger Menschen, ein Hauptbedürfnifs der Pariser, wovon sich keine Klasse ausschliefst, wenn gleich jeder Leser nach der Partei, der er sich aus Eigensinn oder aus Ueberzeugung anschliefst, unter der grofsen Zahl von Zeitungsmännern, sich seinen eignen Staatspropheten wählt, bei dessen Bart allein er schwört.

Dieses Bedürfnifs Aller macht das Zeitungswesen in Paris zu einem wichtigen Erwerbzweig, und zugleich zu Waffen der Politik, womit die Revoluzion angefangen wurde, womit die Partcien sich bekämpften, und womit die Regierung selbst ihren Stand behauptet.

Man hat von der Summe von Zeitungen, die in Paris erscheinen, und worunter der gröfste Theil Tageblätter, nur wenige Wochen - und Monatsschriften sind, im Büreau des Direktoriums, ein eignes gedrucktes Verzeichnifs, das, so wenig vollständig es

auch bei der ephemerisch wachsenden Ver-
mehrung dieser Blätter sein kann, schon
durch seine Ausdehnung beweiset, dafs auch
dieses Pariser Werk, gleich andern Werken
dieser ungeheuern Stadt, kolossal ist. Man
darf annehmen, dafs täglich und wöchentlich etwa funfzig Zeitungsblätter erscheinen, und man dürfte ihrer, ohne Übertretung,
mehrere zählen, wenn nicht auch das Zeitungswesen in Paris einer ungewöhnlich
starken Mortalität unterworfen wäre, vermöge
welcher es morgen von einem noch heute erschienenen Blatte heifst: Es ist gestorben!
Mancher Zeitungsmann stirbt hier in aller
Stille, wenn er auch noch so grofsen Lärm
in seinem Novellisten - Leben gemacht hat;
man entbehrt sein Blatt nicht, weil man des
Ersatzes bei andern nur zu viel hat. Manches Journal beginnt, und lebt einen Monat,
oft kaum ein paar Tage; ein andres erlebt
eine Katastrophe, und verschwindet, doch
nur auf einige Tage: Bild und Überschrift,
Gewand und Namen werden vertauscht, und
da erscheint es wieder. Manches Journal
lebt fort, obgleich sein Verfasser längst im
Revoluzionsgrabe auf dem Magdalenenkirch-

hof, oder auf dem Vaugirard unter den ge-
meinen Sündern ruhet. Die Geschichte aller
gegenwärtigen Journale steigt jedoch nicht
höher hinauf, als bis zum Anfange der Revoluzion.

Das äufsre Gewand der meisten Zeitungsblätter, den *Moniteur*, wiewohl auch nicht
zu allen Zeiten, die offiziellen Blätter,
auch den *Historien*, die *Sentinelle* und einige andre, ausgenommen, ist höchst cynisch:
schmutziges, graues Löschpapier, unleserli-
cher Druck, halbe und ganze Worte und
Zeilen nicht ausgedruckt.

In der That, man muſs einen eigentlichen
Kompendienschreiberton annehmen, wenn
man eine methodische Darstellung der meisten gegenwärtig erscheinenden Journale
mittheilen will. Ich entschlieſse mich dazu,
und bitte um Nachsicht.

Hier ist vorläufig zur allgemeinen Übersicht das ganze Verzeichnifs aller Zeitungen,
politischen und literarischen Zeitschriften des
vorigen Sommers, so wie ich es aus dem
Büreau des Vollziehungsdirektoriums erhalten habe. Nur bei sehr wenigen dieser
Blätter, war in der gedruckten Liste der

Name ihrer Verfasser genannt: und ich er-
gänze diesen Mangel bei mehrern derselben,
so weit es mir möglich war, die Verfasser
zu erfahren.

Namen der Journale.	Namen der Verfasser.
Moniteur - - - -	*Regnier* und *Trouvé.*
Républicain françois.	
Courrier de la Législa-	
ture et de la guerre.	
Courrier françois.	
Courrier d'Egalité.	
Journal du Soir - -	*Etienne Feuillant,* eigentlich *frères Chaigneau.*
Journal du Matin et du Soir. - - - - -	*Sablier.*
Journal de Perlet -	*Perlet.*
Journal du Matin -	*Jaquin.*
Gazette nationale de France.	
Journal des Lois -	*Gallety.*
l'Abréviateur universel.	*Racine.*
Mercure françois.	
l' Eclair.	
Messager du soir -	*Langlois.*
Postillon de Calais.	

Annales de la République françoise -	Rouillet.
Annales politiques -	Mercier.
Journal de Paris -	Röderer u. Corancé.
Censeur des Journaux.	Gallois.
Historien. - - - -	Dupont de Nemours.
Nouvelles politiques -	Suard.
Bulletin national ou papiers nouvelles.	
Journal de France -	Frères Chaigneau.
Mercure universel.	
Journal militaire.	
Bulletin de Littérature.	
Décade philosophique et littéraire - -	Ginguené, Boisjelin und andre.
Petites Affiches.	
Bulletin des Nouvelles et Indications.	
Journal des Débats et Décrets - - - -	Baudouin.
l'Ami des Lois - -	Poultier.
Journal des hommes libres - - - - -	Vatard u. Antonelle.
l'Orateur plébéien.	
(Tribun du Peuple) -	(Baboeuf)

l'Ami du Peuple.	Lebois.
Journal des Patriotes de 1789 - - - -	Réal.
Sentinelle. - - - -	Louvet.
Le Batave - - - -	Dufaulchay.
Gazette historique et politique de la France et de l'Europe.	
l'Auditeur national.	
Gazette françoise.	
Magazin encyclopédique. - - - -	Millin.
Prix courant.	
Le Véridique - - -	Husson.
Journal du Commerce.	
Tableau de Paris, jetzt Feuille du jour, vordem Quotidienne.	
Courrier de Paris oder Chronique du jour -	Imbert de la Platidre u. Labatut.
Gardien de la Constitution. - - - - -	Jolivet dit Baretegne.
Le bon-homme Richard.	
Courrier républicain. -	Poncelin.
Courrier de la Librairie.	

L'anti - Royaliste.	
Annales religieuses, politiques et littéraires.	
Journal des Campagnes.	
Rédacteur - - -	Thouan.
*Journal du Lycée des Arts.	
Journal des Enfans.	
Journal allemand, der Pariser Zuschauer.	Böhmer, Blau, Nimis und Dorsch.
Journal de la Justice civile, militaire et commerciale.	
Annales de la Religion - - - - -	Grégoire, (dabei steht, rue Jacques à l'Imprimerie chrétienne.)
Bulletin de la Semaine	
Journal de Finances.	
Le Contradicteur ou la Revue.	
Le Publiciste philanthrope. - - - -	Xavier Audouin.

Bei der schon bemerkten Ebbe und Fluth
in dem Pariser Zeitungsozean, kann ein
Verzeichniſs dieser Art nicht lange vollständig bleiben. — Schon während meines Aufenthalts in Paris ward es mangelhaft, und
mag es jetzt noch mehr geworden sein.
Folgende neue Tageblätter sind damals, und,
so viel ich erfahren konnte, noch hernach
hinzugekommen.

Journal des Défenseurs de la Patrie.

Courrier universel.

Le Messager.

Le Miroir.

Le Postillon des Armées.

Mes Tablettes.

Rhapsodies du Jour.

und noch folgende literarische und politische
Zeitschriften:

Journal polytechnique.

Journal des Mines.

Journal des Artistes.

*Journal général des inventions et des
découvertes.*

*Ressources de la République françoise, ou
les conquêtes de l'Industrie nationale.*

Bulletin littéraire.

Terpsichore.

*Journal d'Economie publique, de Morale
et de Politique.* pp)

Nun einige besondere Bemerkungen über
das Ganze dieser Journale, und über den
Werth mehrerer derselben, die meine Tagesordnung in Paris, besonders in dem Lesekabinet des *Lycée républicain* mir unter
die Augen brachte. q q)

Das ganze Heer der Pariser Zeitungen
theilt sich in **Morgenblätter** und in
Abendblätter. Unter ihnen sind einige
allgemein beliebt, andre nur für eine ge-

---

pp) Dieses ist die neue trefliche Monatschrift des
achtungswürdigen *Röderer*, welche mit allgemeinem Beifall aufgenommen, und mit der *Décade philosophique et littéraire*, das beliebteste literarische
Journal, so wie mit diesem von ähnlichem Inhalt,
ist. Ausführliche, mit Raisonnement begleitete Auszüge erschienener Werke aus allen Theilen der
Staatskunst, und eigne Aufsätze über mannigfaltige
Gegenstände, sind der Iuhalt dieser vorzüglichen
Zeitschrift.

qq) Der Mittheilung eines deutschen Gelehrten in
Paris, der dieses Fach studiert hat, danke ich einen
Theil dieser Bemerkungen, den ich hier mit den
meinigen über diesen interessanten Gegenstand
verbinde.

H

wisse Klasse; andre sind bloß Sammler.
Bei weitem der größte Theil sind Parteiblätter. Die Regierung hat ihre offiziellen Berichte.

Eigentliche Volksblätter giebt es nur
zwei. Noch gehört — nicht hierher, aber
doch zu dieser Aufzählung, das Aufruhrblatt
l'Ami du peuple von *Lebois*, — dieser tolle
Jakobiner, der noch jetzt *Robespierre's* Schrecken - und Blutregierung für Frankreichs
Heil erklärt, und sie, mit Sehnsucht, von
seinen Teufeln zurückerflehet; — und das
Hofblatt *le Courrier de Paris*.

1. Abendblätter. Sie werden alle
Abend durch die Kolporteure, oder Zeitungs-
rufer, zum Verkauf auf den Gassen herum-
getragen. Merkwürdig ist hierbei die Schnelligkeit der Redakteure und Pressen. Der
Rath der Fünfhundert hebt gewöhnlich gegen
vier Uhr, und manchmal später, die Sitzungen auf, und um sechs Uhr hört man schon
das Gassengeschrei: *Voilà la séance d'aujourd'hui, des deux Conseils!* rr) und vermißt
selten einen konzentrirt vollständigen Aus-

---

rr) Hier ist die heutige Sitzung der beiden Räthe!

zug der Debatten des Tages, selbst wenn
diese lang und verwickelt waren. — Durch
Abonnement gehen nur wenige dieser Abendblätter ab, das bekannte *Journal du Soir*,
von *Etienne Feuillant*, und den *Messager
du Soir* ausgenommen. Sollte man es glauben, daß jenes Blatt, von *Etienne Feuillant*,
ob es gleich nur an 9 bis 10000 Exemplare
täglich absetzt, dennoch wenigstens zu 10,000
Livres Kapitalwerth, angeschlagen ist? während jedes andre Pariser Blatt, *Röderer's
Journal de Paris* und den *Moniteur* ausgenommen, gar keinen Kapitalwerth hat. —
Etienne Feuillant weiß die Unparteilichkeit, man mögte sagen, bis zu einem Grade
der Kunst, zu beobachten: das macht ihn so
allgemein beliebt, und er erhält seinen Kre-
dit unveränderlich bei den Parisern. Er,
oder vielmehr der eigentliche Verfasser, ein
von der Druckerei der Brüder *Chaigneau*
bezahlter Geschwindschreiber, und im Grunde
unbedeutender Mann, hat seinen Ruf eines
unparteiischen Geschichtschreibers, schon
seit vielen Jahren so gegründet, daß irgend-
wo in einem Vaudeville gesagt wird: Es war
eine Zeit, wo jedes Wort den Tod brachte,

wenn man es nicht zu sagen wufste, wie das
Journal du Soir. *Etienne Feuillant* wohnt
auf seinem schönen Landgut, und war, zum
Dank für sein durch die Revoluzion erwor-
benes grofses Vermögen, bei dem royalistischen Aufruhr 1795 in seiner Sekzion einer
der Hauptsprecher gegen den bedroheten
Konvent: ein karakteristischer Zug dieses
Mannes! Das Blatt wird, wenn es seinen
eigenthümlichen Karakter, weder für, noch
wider zu sein, zu erhalten weifs, ohne Ne-
benbuhler auf immer bestehen. — Es ist
die Zielscheibe der Nachdrucker, und aller
grofsen und kleinen Glieder dieser Diebs-
zunft in Paris. Ein dem Hungertode naher
Drucker weifs sich eine Presse zu verschaffen, und druckt in einem Winkel der Strafse
Chartres, wo auch jenes Blatt herauskommt,
ein elendes Abendblatt, läfst es durch einen
Kolporteur - Jungen unter dem Namen *Journal du Soir de la rue de Chartres*, ausru-
fen, und fristet so einige Monate lang sein
Nachdrucker - Insektenleben. Um seine
Winkelautorität zu behaupten, giebt er zuweilen Späfse, wie dieser, von sich. Die Frau
des Direktor *Carnot* ward mit einem Kna-

ben entbunden, und denselben Abend stand
in diesem Afterblatt: *La citoyenne Carnot
vient d'être accouchée cette nuit d'un petit
directeur* **); und damit der platte Spaß ja
nicht übersehen würde, schrie der Junge
sich die Kehle rauh: *v'la, voyez, l'accouche-
ment de la citoyenne Carnot!* ††) Diese
kleine Buben kaufen alle dieses Blatt, das
sie etwas wohlfeiler wie das ächte erhalten,
schreien sich die Zunge wund mit dem falschen Titel, und lachen über den Pinsel,
dem sie das Blatt in die Tasche schieben
können. Man muſs sich, um diesem Betruge
zu entgehen, Format, Lettern und Eintheil-
lung der Artikel des ächten Blattes merken,
und nach dem Namen der Brüder *Chaigneau* fragen.

Der *Postillon de Calais*, eine dritte
Abendzeitung. Der Postillon ist immer auf
dem Wege, und kommt nie an. Es erhält
sich blofs dadurch, dieses elende Blatt, daſs

**) Diese Nacht ist die Bürgerin *Carnot* von einem
Direktörchen entbunden.

††) Seht, seht hier, die Niederkunft der Bürgerin
Carnot!

es gleich nach dem falschen *Journal du Soir,*
welches das früheste ist, erscheint, und so
seine neugierigen, leichtbefriedigten Käufer
findet.

Abends sechs Uhr, um welche Zeit das
ächte *Journal du Soir* ausgegeben wird,
bricht nun auch der ganze übrige Schwarm
der Abendblätter los, und erscheint in dieser
Ordnung.

Ein gewisses, unter dem Namen seines
Eigenthümers *Sablier*, bekanntes Blatt: *Journal du Matin et du Soir,* welches, wie
sonst keins, am andern Morgen fortgesetzt
wird, und nur das einzige Verdienst hat,
daſs es, wenn die Sitzungen der Räthe sich
bis an den späten Abend, oder in die Nacht
verlängern, die Berichte davon früher, als
andre Blätter giebt, weil es alsdann in der
Nacht gesetzt und gedruckt wird, da die
Morgenblätter hingegen schon Abends zehn
Uhr unter der Presse sind.

Mercure universel, ein neues Tageblatt,
ohne allen Plan, in einer Winkelbude gedruckt.

Messager des deux conseils, eben so.

Le Batave, war vordem ein Morgenblatt, wird aber jetzt, aus Noth vermuthlich, schon Abends kolportirt. Es zieht bei seinem langen Titel und Inhaltsanzeige, die bei allen Abendblättern, den *Messager* ausgenommen, marktschreierisch ausgerufen wird, — wobei es eine komische Unterhaltung abgiebt, die Deklamazion der Jungen, welche sie mit einem konvulsivischen Mienenspiele begleiten, anzuhören, — zahlreiche Gruppen zusammen, weil sein Verfasser *Dufaulchoy* die Gabe hat, das Gruppenpublikum, das wir nachher betrachten wollen, zu interessiren.

Journal des Lois, wovon nur der Eigenthümer *Gallety*, nicht aber der eigentliche Verfasser, wahrscheinlich ein Deputirter, bekannt ist. Es ist zu gut geschrieben, um des Kolpotirens, — eine blofse Spekulazion des Druckers — zu bedürfen. Doch ist es als Abendjournal, weder für die Strafsengruppen, noch für die gute Gesellschaft anziehend. Es gehört eigentlich in die Klasse der Parteiblätter.

Der *Courrier de Paris*, oder *la Chronique du jour*, von *Labatut* nnd *Delaplatiere*, existirte noch kein volles Jahr. Ich habe es

aber das Hofblatt genannt, weil es, cha-
mäleontisch, alle Farben anzuziehen, und in
allen Masken zu figuriren weifs. Es lobt
die Direktoren und Minister im Posaunenton;
es predigt den Royalisten Bufse, den Emi-
grirten Vergebung der Sünden und Leben,
— jedoch nicht allen die ewige Seligkeit —
und den Jakobinern Fluch; es sammelt Anekdoten, rückt Verse an honette Weiber und
Mädchen, so wie an den Dirnentrofs, ein,
kündigt Bücher an, nimmt Denunziazionen
auf, ist der Tummelplatz der Federkriege,
— und hat, bei aller seiner Mittelmäfsigkeit,
sogar einst vielleicht noch jetzt unter der
Hand, ministerielles Abonnement genossen.
Den ersten Artikel jedes Blattes ausgenommen, worin gewöhnlich den Parteien Friede
geboten, und die augenblickliche Lage von
Paris geschildert wird, ist der Rest geist-
und kraftlos. Einer dieser Eingangsaufsätze
hatte neulich die Ehre, von der Regierung
nachgedruckt und öffentlich angeschlagen
zu werden.

Endlich Abends Acht Uhr erschallt der
Ausruf: *Voilà le Messager du Soir ou la
Gazette de l'Europe!* in allen Sekzionen, die

um das *Palais d'Egalité* liegen. Wer noch
irgend in Paris Zeitungsleser ist, und seit
der Entstehung des *Messager*, das heifst,
seit dem 9ten *Thermidor*, den Parteienkampf mit angesehen oder gar mit gekämpft
hat, kauft mit seinem *Journal du Soir* von
Etienne Feuillant, auch seinen *Messager du
Soir*, von *Langlois*, nach jenem das beliebteste Abendblatt. Des Inhalts wegen gehört
es unter die l'arteiblätter.

Der Preis aller dieser Abendblätter, ist,
wenn man sich nicht betrügen läfst, bis jetzt
noch ein Sous, wird aber, da alles in Paris
im Preise steigt, seitdem das baare Geld
wieder in die Stelle des Papiers getreten ist,
bald auf zwei Sous steigen, wobei der Kolporteur meistens ein Drittheil Gewinn hat.

Hier erst ein Wort von dem vorerwähn-
ten Gruppenpublikum; und dann zu einigen Morgenblättern. Diese Gruppen,
welche sich um den Zeitungsausrufer zu versammeln pflegen, waren während der Revoluzion zahlreicher und interessanter, als sie
jetzt sind. Es verbreitete sich in diesen
Gruppen, bei dem Ausruf einer oder der
andern wichtigen Neuigkeit, ein allgemeines

Leben, Debatten erhoben sich, das Für- und
Wider der Sache ward mit lakonischer, oft
kräftig treffender Kürze diskutirt. Man nahm
überhaupt an allem, was vorging, mehr Au-
theil, folglich auch an dem Verkündigen des
Ausrufers. Jetzt hat sich auch das geändert,
und welcher Freund der öffentlichen Ruhe
und Ordnung mag es tadeln? Man sieht
jetzt kaum einige Soldaten, die auf Kriegs-
nachrichten warten, einige Polizeifpione, die
auf die Kolporteure und die Umstehenden
Acht haben, — einige dürre Rentiers, die
über jeden Bericht der Finanzkommission
seufzen. Geht nicht gerade einer oder der
andre dieser Klassen, oder ein neugieriger
Fremder vorüber, so schreit sich der Kolporteur vergebens heiser, um Zuhörer zu
locken; oft stockt er, wenn er niemanden um
sich sieht, in der Mitte seiner Deklamazion,
und geht mit einem Stofsseufzer, über die
schlechte *pratique*, weiter, um eine einträg-
lichere Gassenecke zu suchen. — Ein Zug
der jetzigen Volksstimmung! ich hörte nicht
selten, wenn der Kolporteur, mit sich erhe-
bender Stimme, grofse Siegsnachrichten ausrief, Vorübergehende ihn mit dem Zurufe

laut unterbrechen: »Geh zum — — Direk-
toire, mit deinem Siegsgeschrei! keine Siege
mehr, — den Frieden soll es uns verkündigen!« Wenn der Kolporteur aber dagegen
ein Wort von *Négociations de paix* fallen
liefs, sah ich oft in demselben Moment, noch
weit entfernte Vorübergehende mit einem
Sprung vor ihm stehen, und ihm mit einem
donne, donne! das Blatt entreifsen, dafs
doch gewöhnlich nichts weiter, als eine
Friedens — — Lüge des Zeitungsschreibers
enthielt. Frieden! das ist der laute Volks-
ruf in Paris: die Kolporteure kannten diesen
Magnet, und schrieen deswegen das Wort:
Paix, immer mit schmetternder Stimme.

II. Morgenblätter. Ich rechne unter
diese:

1. Die Sammler. Sie sind zugleich die
solidesten und allgemein beliebten, und vor
allen:

Der *Moniteur.* Das Hauptverdienst dieses
treflichen Produkts litterarischer Indüstrie,
gehört bei weitem nicht allein dem Geschwindschreiber, der die Sitzungen der gesetzgebenden Versammlungen liefert, sondern vorzüglich den Redaktoren *Trouvé,*

der diesen, und *Regnier*, der den politischen Theil besorgt. Diese Männer sind
edle, reine Republikaner, und haben sich
nie mit einem Antheil an dem jetzigen Par-
teienwesen besudelt. Sie gehören zu der
Klasse der *hommes vertueux*, in der Republik; — möchte doch diese Klasse die V o l k s-
m a s s e Frankreichs ausmachen! — und verdienen und haben die Achtung a l l e r Parteien. Es ist jetzt in Paris beinahe keine
vollständige Samlung des *Moniteur* zu haben,
und der Drucker hat daher wohlgethan,
eine zweite Ausgabe zu veranstalten, deren
erster Jahrgang jetzt (im Juni 1796) die
Presse verlassen wird. Die ansehnlichen
Vermehrungen dieser neuen Ausgabe durch
eine angehängte Sammlung der wichtigsten
Staatsurkunden, und durch ein vollständiges
Register, wird ihr grofse Vorzüge geben,
und sie zu einem für die Zeitgeschichte
Frankreichs unentbehrlichen klassischen Werk
erheben. — Dieses schöne Werk ist ein
Beweis, wie wahre Tugend, Ehrfurcht überall gebietet. Der *Moniteur* hat seinen Ver-
fassern noch keine Verläumdungen, keinen
Federkampf, keinen royalistischen Geifer

und keinen anarchischen Bannstral zugezo-
gen, ungeachtet er im Oktober 1795 den
Pariser Nazionalgarden, und im Frühling
dieses Jahrs den Gütergemeinschaftspredi-
gern seine ernstliche, freie, republikanische
Meinung sagte.

Das *Journal des Débats et des Décrets*
ist eine bloſse Druckerunternehmung. Der
Eigenthümer *Baudouin* läſst die Arbeit seines
Geschwindschreibers in den beiden Räthen,
und die Schlüsse des Direktoriums, ohne
Veränderung, drucken. Von Zeit zu Zeit ist
hinten ein Verzeichniſs aller, auf Befehl der
gesetzgebenden Versammlungen, gedruckten
Berichte und Vorträge, die dort vorkommen,
angehängt, welches sehr interessant ist.
Baudouin ist Drucker der gesetzgebenden
Versammlungen, so wie er es von dem Konvent war, und verkauft daher diese Druck-
sachen meistens zu sehr wohlfeilen Preisen,
weil er so billig ist, dem Publikum das, was
die Nazion an Druckkosten bezahlt, zu Gute
kommen zu lassen.

Das *Journal de Paris*, von *Röderer* und
Corancé, ist eins derjenigen Blätter, die
eine gewisse unzerstöhrliche Reputazion

haben. Der Name *Röderer's* macht das
Blatt wichtig, und durch das damit ver-
knüpfte Adrefsblatt, wird es allgemein bekannt. Die Redakzion der Verhandlungen
der gesetzgebenden Versammlungen ist mit
dem gröfsten Fleifse besorgt. *Röderer's* Journal ist im · Grunde kein Parteiblatt: denn
wenn er gleich gegen die Partei von 1793
schreibt, so schreibt er doch nicht bestimmt
für die von 1791, zu welcher er gehört. Er liefert gewöhnlich kleine eigne Aufsätze, philosophischen, oder politischen, oder staats-
wirthschaftlichen Inhalts, immer voll Geist,
wenn gleich nicht immer voll Wahrheit.
Steht irgend eine politische Neuigkeit in dem
Journal de Paris, so darf man sie für unent-
stellt richtig annehmen; denn *Röderer* ist
nicht blofs Zeitungsmann, er ist auch Mann
von Ehre! — — Gebt Ihr, dreimal grofsen Götter! und gieb vor allen, Du, ὁ Ἑρμῆς,
grofser Journalistengott! dafs dies künftig sei
die unumgängliche Eigenschaft aller Zei-
tungs - und literarischen - und politischen-
Journalschreiber, in der getauften und unge-
tauften Welt: denn Ach! und O! so war
es nicht, vom Anbeginn der Tage —
bis auf den heutigen Tag!!

Die *Gazette nationale de Paris* war
unter den Ministern der gesetzgebenden
Versammlung und des Konvents, ein offiziel-
les Blatt, ist es jetzt nicht mehr, hat aber
den Vorzug, die auswärtigen Neuigkeiten
sehr fleißig und solide zu sammeln. Die
Gazette hat eine Gesellschaft zu Eigenthü-
mern und Verfassern; sie giebt auch die Sitzungen der Räthe vollständig und mit Auswahl. Sie ist auch kein Parteiblatt, und
wenn gewisse Krisen eintreffen, so wird man
sie entscheidend auf die Seite der Republik
finden.

Das eigentlich sogenannte *Journal du
Matin*, ist ein Hausblatt, sammelt, ohne
Auswahl, alles, was es findet, und ist, neben
Sablier und dem *Courrier républicain*, das
einzige Morgenblatt, das kolportirt wird.

2. Volksblätter.

Der *bon - homme Richard* schreibt im
wahren, lustigen, herzlichen Volkston, für
die untersten Stände, und sein Witz befrie-
digt manchmal auch die gebildetsten Leser.
Er hat ein kleines Abonnement von der Regierung. Alle Tage ruft sein Blatt: Krieg
den Britten!

Journal des Campagnes. Enthält Beleh-
rungen, Erfahrungen und Vorschläge für das
Landvolk, und dann die nöthigen No-
vellen.

3. Die Parteiblätter. Unter Parteien
sind hier nicht die beiden großen wirklichen Gegenparteien der jetzigen Regierung,
Royalisten und Anarchisten, verstanden. Es
ist nur die Rede von dem Federstreite der
Journalisten unter sich, in welchem der eine
den andern unter eine dieser Parteien rechnet. — *Poncelin* behandelt, zum Beispiel,
Louvet mit seiner *Sentinelle* als Anarchisten,
und *Lebois* schilt in dem *Ami du peuple*
ihn einen Royalisten, während die streitbare
Sentinelle wenigstens ein Dutzend andre
Blätter als Produkte des Königthums an-
greift; — und das sei genug zur Beurtheilung
der schwankenden *Sentinelle.* Das ist ein
täglicher Kampf dieser von mir sogenannten
Parteiblätter. In Rücksicht ihres wirklichen
Karakters, und besonders bei der Frage: ob
sie von einer oder der andern Partei wirklich gebraucht werden? läßt sich keine kate-
gorische, sondern nur eine auf Wahrschein-
lichkeit gegründete Antwort geben. —

Ich will hier ein Paar davon karakte-
risiren.

Der *Historien*, von dem Deputirten im
Rath der Alten, *Dupont de Nemours*, ist
eins dieser besten Blätter, und seine Gegner
nennen ihn das Haupt der Konstituzionisten
von 1791. Er ist ein Todfeind des Papiergeldes, liefert vortrefliche literarische Aufsätze, war einst wüthend gegen das Direktorium, und ist seit drei Monaten sein Pane-
gyrist. Er schreibt immer voll Sachkennt-
nifs, immer voll Geist, — aber leider auch
immer voll Gift und Galle. — Eine hierher gehörige Abschweifung, die noch in
Paris interessirte, und zugleich den giftigen
Spleen dieses, sonst treflichen, Schriftstellers
und Journalisten beweiset, kann ich mir
hier nicht versagen. — Die Zeit der *Che-
valerie*, wo man im Jugendfeuer gern, um
einem schönen und liebenswürdigen Weibe
zu gefallen, für sie eine Lanze bricht, ist
bei mir vorüber: denn ich bin Gatte und
Vater. Aber der Parteilichkeit für weiblichen
Edelmuth, dem Beitritte zu den Vertheidi-
gern eines mir achtungswürdigen Weibes,
habe ich nicht entsagt, und werde es nie.

I

Das ist die Sache, und die Rede von einem
Weibe, dem die Achtung und Liebe des ed-
leren Theils, ihres und des männlichen Geschlechts, gehört, weil es hohe Schönheit
mit Liebenswürdigkeit des Karakters, die
seltensten Talente, und einen gebildeten
Verstand mit anspruchloser Bescheidenheit
und kindlicher Gutmüthigkeit, und mit wahrer Geisteshoheit, verbindet: — von einem
Weibe, dessen Karakter fleckenfrei blieb, in
allen sie umrauschenden Stürmen der Revo-
luzionsparteien, — das ihr Leben in den
schrecklichsten Momenten des Dezemviral-
Despotismus, der die eiserne Faust auch
gegen eine der blühendsten Städte Frankreichs, gegen *Bordeaux*, ausstreckte, mit
der Rettung der Stadt, und eines Theils ihrer besten Bürger — mit w e l c h e r Aufopferung ihrer Selbst! —' bezeichnete, und sich
dort, so wie in Paris, ein ewiges Denkmal
der Dankbarkeit, in den Herzen so vieler,
vor und nach *Robespierre's* Sturz, befreiten
und erhaltenen edlen Franzosen, stiftete: —
von einem Weibe endlich, — und was bezeichnet mehr die Höhe ihres seltnen Karakters? — das jetzt, obgleich allgemein,

und auch von den Fünfen im Direktorium,
bewundert, und persönlich geschätzt, dennoch bei ihnen durchaus keinen Eintluß
sucht, oder sich geltend macht, noch sie
mit Fürbitten bestürmt. — — Dies ist das
nur schwach gezeichnete Bild, von *Thérése
Cabarrus - Tallien*. — Und gegen
diese Frau war ein galligter Ausfall des *Historien* gerichtet! — Der Vorfall war fol-
gender. Der Gattin des grofsen Eroberers
von Italien, Madame *Buonaparte* ᵘᵘ), hatte

---

uu) Die deutschen Zeitungen und politischen Journale, die so manches verschiefen, haben auch das
Urtheil des Publikums, über diese interessante
Frau schief geschoben, indem sie ihr eine plumpe
Grofsprालerei andichteten, die sie sich bei ihrer Abreise nach Italien im vorigen Sommer erlaubt haben
sollte: »Ich kann jetzt, habe sie gesagt, abreisen,
da die öffentliche Sache nicht mehr in Gefahr
ist!!« Nur ein tückischer Neuigkeitsfabrikant in
Paris, wo man doch die beurtheilten Menschen vor
Augen hat, und sie handeln sieht, konnte, in seiner Dachstube, die Verunglimpfung der liebenswürdigen und bescheidenen Frau erdichten! — .
Eben so unwahr sind die Erzählungen von dem
prächtigen Brillantenschmuck, womit die Zeitungs-
schreiber Mad. *Tallien* behängen. — Sie trägt
keine Brillanten, und sie hat keine.

man, mit einer nicht räthselhaften Anspielung, den schmeichelhaften Beinamen einer
Heiligen gegeben, und nannte sie *Notre-
Dame des Victoires.* »In einer Gesellschaft,
(so ungefähr erzählte der Journalist), war
hiervon die Rede. Wie nennen wir denn,
fragte einer der Anwesenden, unsre zweite
Göttin des Tages, Mad. *T'*...? Ei, man
nenne sie, antwortete ein anderer, — *Notre-
Dame de September.*« Die Pariser Zei-
tungsschreiber beteten, nach löblicher Sitte
dieser Zunft, den hämischen Ausfall nach. —
Einige Tage nachher erschien in *Röderer's
Journal de Paris,* eine Antwort auf jene
bittre Beleidigung eines edlen Weibes, dem,
wenn auch ihr Mann ein Verbrecher ist, der
die September - Morde organisirte, seine
Schuld, und die Strafe allgemeiner Verachtung, nicht zur Last kommen kann. Jener
boshafte Einfall ward in dieser Antwort
durch eine Wendung voll ächten Witzes und
zarter Empfindung niedergeschlagen: und sie
fand allgemeinen Beifall. Hier ist diese,
nach ihrem eigenthümlichen Karakter nicht
übersetzbare Antwort.

Aux Rédacteurs du Journal.

Paris, 13 Prairial.

Quelques plaisans de vos confrères ont imprimé avec affectation un prétendu bon-mot fur Mad. T . . . Je vous prie de leur dire, qu'un mot atroce n'est jamais plaisant, mais qu'un plaisant est quelquefois atroce. — Apprenez - leur, que les hommes généreux ont le courage d'attaquer en public un coupable puissant, jamais celui d'outrager une femme ; et rappelez à la mémoire trop peu fidelle de ces folliculaires, que celle qu'ils outragent aujourd'hui, arracha des victimes à la mort, brisa les fers de plusieurs milliers de François, inspira le 9 Thermidor ; et que les *malheureux* l'avoient nommée *Notre - Dame de bon secours,* long - temps avant que les *ingrats* l'eussent appellée *Notre - Dame de Septembre* xx). — A. L.

---

xx) Einige Spaſsmacher unter Ihren Mitbrüdern haben ein erzwungen - schiefes angebliches *bon - mot* auf *Mad. T* . . . drucken laſsen. Sagen Sie diesen Leuten, ich bitte Sie, daſs ein grausames Wort nie spaſshaft, daſs aber manchmal ein Spaſsmacher grausam ist. Belehren Sie sie, daſs edle Männer Muth haben, einen mächtigen Verbrecher öffent-

Der Verfasser dieser kurzen, aber treffen-
den Vertheidigung der edlen *Thérèse Cabarrus*, ist ein seit kurzem bekannter und ge-
schätzter Verfasser mehrerer politischen
Schriften, *Adrien Lezay*. Sein Schritt, den
er hierin that, ist desto edler, und ein um
so weniger zweideutiger Beweis, wie sehr

---

lich anzugreifen, aber nie den, ein Weib durch
eine bittre Beleidigung zu kränken. Und rufen Sie
es dem allzuschwachen Gedächtnifs dieser Pasquil-
lenschreiber zurück, dafs die, welche sie jetzt so
tief beleidigen, dem Tode Opfer entrifs, die
Ketten mehrerer tausend Franzosen zerbrach, den
9ten Thermidor eingab; und dafs Unglückliche sie
schon lange vorher Unsre liebe Frau der guten Hülfe nannten, ehe Undankbare sie Unsre
liebe Frau vom September genannt haben.
Es ist hiebei wohl kaum nöthig, zu bemerken,
dafs das Treffende des Gegensatzes in dieser schönen Antwort, in der Anwendung der im Kalender
der heiligen Maria beigelegten vielfachen Benennung liegt, nach welcher man ihr für einen jeden
Monat einen andern Namenstag gab, — und dafs
die blutige Anspielung des Septembers, auf die
Menschenmetzeleien in den Pariser- und Versailler-
Gefängnissen i. J. 1792 im September, deutet, wovon der Deputirte *Tallien*, der Hauptanführer gewesen zu sein, öffentlich und allgemein beschul-
diget ward.

jener Angriff viele empörte, da er nicht
allein keinen Umgang in dem Hause *Tallien's* hat, sondern, wie jeder Mann von
Ehre und Gefühl, sich von einem Manne
entfernt, dem solche Blutflecken ankleben,
wie diesem, und den die öffentliche Stimme
einen Verbrecher nennt.

Ich kehre wieder zu meinen Bemerkungen, über noch einige Tageblätter, zurück.

Nouvelles politiques, wovon der erste Arbeiter der bekannte Abbé *Suard* ist. *Mehée*
redete ihn einst sehr karakteristisch in einem
öffentlichen Blatte so an: »Wenn jemand zu
Ihnen sagte, Sie wären ein Dummkopf, so
schicken Sie ihn mir zu; heifst er Sie aber
einen Spitzbuben, nun, so machen Sie es
selbst mit ihm aus.« In der That ist *Suard*
ein feiner Kopf, und wenn es wahr ist, was
man von ihm sagt, dafs er seit der Revoluzion, für drei gegen Frankreich kriegführ-
rende Hauptmächte engagiert war; so mufs
man gestehen, dafs er seine Pflicht gegen
seine hohen Klienten beobachtet, und dennoch dabei sein französisches Bürgerrecht
nicht blofs gegeben hat. Im diplomatischen
Fache sind sonst freilich die Herren Novelli-

sten keine Meister, aber dieser *Suard* könnte
ihnen allein, und noch manchem Minister an
fremden Höfen, Lehren geben. Während er
Pitt's zweite Hand zu sein scheint, giebt er
seinem Vaterlande noch täglich heilsame Erinnerungen, sich nicht durch Verfolgung der
Priester, oder durch allzuweite Ausdehnung
seiner neuen Grenzen, ins Verderben zu
stürzen. Alles was in Suards Blatt steht,
ist neu, ist schön, ist solide, und ist be-
lehrend.

4. Offizielle Blätter, sind der *Re-*
dacteur, und das für die Armeen bestimmte
Journal des Défenseurs de la patrie. Sie
erscheinen unmittelbar unter den Augen des
Direktoriums, und was Diplomatik betrift,
unter Aufsicht des Ministers der auswärtigen
Angelegenheiten, und werden deswegen mit
großer Begierde gelesen. Die wichtigsten
Berichte von den Armeen erscheinen im
Redakteur unmittelbar nach ihrer Ankunft,
und oft in derselben Stunde, in welcher sie
den beiden Räthen durch eine Staatsbot-
schaft überbracht werden. Die Sprache in
diesen Blättern, ist die Sprache der Regierung, einfach, edel, wahr und offen. Die

einzeln beigefügten Raisonnements und Bemerkungen sind zwar nicht offiziell, sondern
gehören dem Verfasser allein, der dafür verantwortlich ist; aber sie enthalten sehr bedeutende Winke, die gewifs nicht zufällig,
und Bemerkungen, welche ganz im Geiste
der Regierung verfafst sind.

Das sind meine Bemerkungen über die
mir in Paris hauptsächlich zu Gesichte ge-
kommenen Zeitungsblätter. Man sieht nach
der offiziellen Tabelle der Titel, welche ich
eben mitgetheilt habe, dafs noch sehr viele
in dieser Rezension fehlen, die ich auch deswegen eben so wenig für vollständig ausgebe, als ich mich entschliefsen kann, noch
länger in diesem Papierhaufen zu wühlen. —
Also nur noch ein Wort über das deutsche
Pariser Journal, und dann zum Nachtisch
über ein Produkt des Momus.

Der Pariser Zuschauer ward von
Mainzer Gelehrten, *Dorsch*, *Blau* und *Nimis*
geschrieben, und von der Regierung durch
ein Abonnement von dreitausend Exempla-
ren unterstützt. Die Absicht der letztern
war hiebei: auf diesem Wege die republikanischen Berichte nach Lothringen und dem

Elsafs in der Landessprache in die Hände
der Volksklassen zu bringen. Das Blatt hätte auch für Deutschland viel sein, und dadurch ein Unternehmen von weitem Umfange
werden können, wenn es nach einem bessern Plan und in einem erträglichern deutschen Stile geschrieben wäre, und man die
Versendung hätte zweckmäßiger besorgen
können. Größtentheils enthielt das Blatt
auch in einzelnen nicht offiziellen Berichten
und Aufsätzen, blos Übersetzungen aus den
Zeitungen, selten Originalaufsätze. Als *Georg
Böhmer*, welcher jetzt als Civil- und Kriminal-
Richter in Luxemburg angestellt ist, noch in
Paris, und Mitarbeiter dieses Blattes war,
zeichneten sich seine Aufsätze auf den ersten Blick, durch Schreibart und Inhalt aus.
Nach seiner Abreise fehlte es dem Zuschauer
an einer guten Stütze, und das Blatt, das
sich so größtentheils nur durch die Beihülfe
der Regierung erhielt, gerieth ins Stecken.
Seitdem höre ich, hat diese ihr Abonnement
eingezogen, und der Zuschauer hat aufge-
hört. Vielleicht wissen die vormaligen ein-
sichtsvollen Verfasser Mittel zu finden, das
Blatt wieder anzufangen, und ihm nach ei-

nem sich vosgezeichneten bessern Plan und geniefsbarem Vortrag, allgemeinern Eingang zu verschaffen.

Rapsodies du Jour. In der That, der Kontrast dieses Possenspiels mit den bisher benannten Tageblättern, ist lächerlich genug. Wenn auch so ein Blatt, wie alle übrigen, in der Prefsfreiheit nicht geduldet werden müfste, würde man doch vielleicht dieser lachenden Satirsmaske ungestört ihr Wesen treiben lassen, weil man sie nicht für gefährlich hält. Dieser Spötter, sein Name ist *Villiers,* fabrizirt einen *Pot-pourri* von Bon-mots, Epigrammen, Ironien, Charaden und Parodien in seinem Blatte, das einigemal in der Woche erscheint, und neckt das Direktorium, die Minister, die beiden Räthe, und alle Bürger, die seinem Peitschholze vorkommen, mit seinen, manchmal nicht unwitzigen, öfterer aber platten Späfsen, und die *gens du bon-ton* finden darin ihre Sättigung im Lachen. — Hier zur Probe seiner Manier, einige Parodien der Sitzungen der beiden Räthe, die man mit den an den bezeichneten Tagen vorgefallenen Verhandlungen vergleichen mufs.

Conseil des Cinq-Cents.

Séance du 15 Prairial.

Un Messager d'Etat.

Air: *Vous m'entendez bien.*

Monsieur Ramel yy) vous fait prier
De lui donner maints ouvriers,
Afin qu'il fasse faire,
Hé bien,
Du papier monétaire,
Vous m'entendez bien (bis).

Le Conseil.

Eh, mais oui - dà!
Je ne vois pas de mal à ça.

Conseil des Anciens.

Séance du 21 Prairial.

Le Président.

Air: *En jupon court.*

Messieurs, décrétons des louanges
A ceux qui font tous nos succès;
Disons par tout : . . . . Comme les anges
Se sont battus tous les François.

---

yy) Der Finanzminister.

Le Présideut.

Air : *La boulangère a des écus.*

Puisqu'en ce jour il n'est pas un
Qui parle ou qui rapporte,
Moi je suis d'avis que chacun
Chacun gagne la porte,
Chacun,
Chacun gagne la porte.

~~~~~~

Conseil des Cinq - Cents.

Pastoret.

Air : *Si dix ans j'ai fait ton bonheur.*

Ah, ne souffrez pas qu'aux tombeaux
On fasse ici la moindre injure;
C'est l'asyle qu'à tous nos maux
A donné la sage nature.
Si vivant l'homme est tourmenté
Par l'intrigue et par l'imposture,
Que l'homme au moins soit respecté
Quand il est dans la sépulture.

Le même

Air : *Du réveil du peuple.*

Décret :

Dix ans de fers pour pénitence
A qui viendra troubler un mort!

Cela le guérira, je pense,
De réveiller le chat qui dort.
Six ans de fers au *Sans-Culotte*,
Qui prend la culotte d'un mort;
Il ne faut pas souffrir qu'on ôte
La dépouille du chat qui dort.;

Die Debatte über die Erhöhung der Gehalte persiflirte der Spötter im 7ten Stück
der Rapsodien.

Conseil des Cinq - Cents

Séance du primidi Messidor.

Camus

Air: *Autant en emporte le vent.*

Ah! ne laissons pas davantage,
Couler les pleurs des employés.
Ils disent être mal payés,
Hé bien, messieurs, doublons leur gage.
Après tout, on ne fait pas tant
En ayant l'air de beaucoup faire;
Avoir des *mandats* pour salaire,
Autant en emporte le vent.

Fréderic Hoffmann

Air: *Où allez-vous, monsieur l'abbé.*

Ah! pas plus loin que votre nez,
Mon cher Camus, vous ne voyez;

Doubler un honoraire!
Hé bien,
C'est tripler qu'il faut faire,
Vous m'entendez bien.

B e f r o y

Air: *D'une amante abandonnée.*

Par quelle raison affreuse,
Camus peut-il oublier
Cette classe malheureuse
Du pauvre peuple rentier?
Il faut enfin qu'on décide . . . . ,

C a m u s

Mais qu'il vienne ici prier . . . . .

B e f r o y

Quand on a l'estomac vuide
Ah! messieurs, — peut-on crier?

Conseil des Anciens.

S é a n c e   d'u a   M e s s i d o r.

Le Président

Air: *Quand le sultan saladin.*

Comme nos cinq-cents amis,
Messieurs, êtes-vous d'avis
Qu'on augmente les salaires,
Qu'on triple les honoraires,
Le tout, pour faire le bien?

Le Conseil.

Très-bien, fort bien
Cela ne nous coûte rien.

Un Membre.

Augmentons même le mémoire ;
Donnons pour boire. (bis)

Über die kurzen und oft wenig beschäf-
tigten Sitzungen des Raths der Alten, macht
sich der Rapsodist fast in jedem Blatte
lustig.

Conseil des Anciens.

Séance du 1. Messidor.

Le Président

Air: *J'ai vu la meunière.*

Messieurs, — du silence un moment,
Si ça se peut faire:
Elisons notre président,
Puis nous irons sagement
Comme à l'ordinaire,
Prendre un restaurant.

Séance du 5.

Air: *Toujours, toujours, il est toujours le même.*

Tout comme hier le Conseil est le même,
Chez les Anciens jamais rien de nouveau,

Rien de neuf, rien de beau,
Vu sa vieillesse extrême;
Malgré tous ses décrets,
Il ne sera jamais,
Jamais, jamais, qu'un conseiller extrême.

K

Bürgerfeste.

Die Götter- und Volksfeste Griechenlands
sehen wir in den republikanischen Bürgerfesten auf dem Vereinigungsfelde zu Paris erwachen; aber Griechenlands Götter und Volk,
seine Sitten, Erziehung und Klima fehlen
hier, und damit alles, um diesen Festen die
antike Form mit dem griechischen Geiste zu
geben, die sie in dem Vaterlande jenes grofsen Volkes hatten. Aber man will nun einmal die Franzosen mit einem Zauberschlage
in ein antikes Volk verwandeln; und auf
diese Grille der Phantasiemänner in ihren
Studierstuben, beziehen sich, Minerva zum
Trotze, so manche Verkünstelungen der
Volksfeste, deren Bedeutung das Volk kaum
begreift.

Viele dieser Feste sind blofser Opern-
Pomp, und in dieser Hinsicht machen einige
ihre gut berechnete mahlerische Wirkung für
das Auge: aber Wirkung aufs Gefühl der
Zuschauer, — denn Theilnehmer sind es
nicht, — ist ihnen fremd, und mit Herz und

Geist freut sich keiner dieser ins Große aus-
geführten, realisirten Theatertäuschung, auch
wenn das Zufällige bei diesen Festen, nicht
oft mit einemmale jeden Eindruck vernich-
tete, den sie hie und da noch machen könnten. — Wenn der zürnende *Jupiter Plu-
vius*, sehr zur Unzeit freilich, aus seinem
nassen Bart, einen Regenguß auf das Marsfeld von Paris herabschüttelt, und nun der
Sonnenwagen seines großen Sohns *Phoebus
Apollon*, von Jahrszeiten und Stunden um-
tanzt, von herrlichen Pferden gezogen, her-
anfährt in den hölzernen Thierkreis, — und,
Göttern und Menschen ein Spott, in einer
Sumpfpfütze stecken bleibt, wie dieses im vorigen Herbste geschah: oder wenn an dem
Altare, vor der, auf ihrem Triumphwagen
thronenden Göttin, Freiheit, zwei reizende
Vestalinnen gelehnt stehen, die das heilige
Feuer anschüren, und der Pariser in diesen,
zwei hübschen Statistinnen vom Theater,
ihrem Wesen nach, Auskehrerinnen des
schmutzigsten Kloaks der *Venus Pandemos*,
sieht: oder, wenn in den Olympischen Spielen zu Paris, der Kunstreuter *Franconi* mit
seinen Kleppern bei den Wagen- und Pfer-

K 2

derennen die Hauptrollen spielt, und die Zuschauer wegen der mangelhaften Einrichtung
nichts sehen, oder nicht wissen, was das
alles bedeuten soll; — da geschieht es dann,
daſs man singt:

.*Qui nous délivrera des Grecs et des*
Romains zz)?

und alle, von dem Oberdirector der Bürgerfeste, *Lachaſbaussière*, bei seiner Erfindung
geträumte Wirkung, geht verloren.

Über das Operntheater hinaus reicht eine
solche Wirkung nicht. Hier ist der Zuschauer
an diese Täuschung gewöhnt, die durch die
Maschienerien und Beleuchtungen gehoben
wird: Feste aber, die unter freiem Himmel
der groſsen Volksmasse gegeben werden sollen, müssen. anders erfunden, und ihr Eindruck besser berechnet sein, als dies bei dem
gröſsten Theil der Pariser Bürgerfeste der
Fall ist. — Die Neuheit dieser Feierlichkeiten zieht allein noch neugierige Zuschauer
heran, aber nur der glückliche Moment, wo,

zz) Wer schafft uns die Griechen und Römer vom
Halse! s. Intelligenzblatt der Allg. Literatur - Zei-
tung, No. 160. v. J. 1796.

durch die Zeitumstände, der Ton des Ganzen zum hohen Enthusiasmus hinangestimmt ist, wie bei dem Föderazionsfest 1790, weckt bei einer einfachen und imponirenden Anordnung eines solchen Festes, eine allgemeine freudige Theilnahme. Eben diese ist künftig von dem allgemeinen Friedensfeste zu · erwarten. — Durch die öftern Wiederholungen, und patriotifche Zeitbestimmung der Feste, wird ihr Eindruck schon geschwächt, und der sonst so jovialische, leicht entzündbare Franzose bleibt bei seinen Bürgerfesten aus allen diesen Ursachen kalt, wenn auch sein Enthusiasmus für alles, was auf die Wiedergeburt seiner Freiheit Bezug hat, ihn sonst in Feuer setzt.

Nur die eigentlichen Müfsiggänger unter den Pariser Volksklassen machen, von ihrer Neugier und ihrem Hange zu sinnlichen Eindrücken herbeigezogen, den gröfsten Theil des Festpublikums aus. Diese wenig allgemeine Theilnahme war mir, selbst an dem prächtigen, und wirklich schön und grofs angeordneten, und dem Lokale des Marsfeldes angemefsnen Feste des Sieges und der Erkenntlichkeit, am 10ten *Prairial* (29ten Mai), nur zu sichtbar.

An sich selbst ist das Marsfeld, wegen
seiner Lage, Gröfse und Regelmäfsigkeit,
ein treflicher Schauplatz für solche Feierlichkeiten, wenn grofse Massen von Menschen in Gruppen, kriegerischen Szenen,
oder Triumpfzügen und Prozessionen auf
dem weiten Raume vertheilt sind. Bei dem
Siegesfeste war dieses der Fall: aber die
eigentliche Hauptszene war ganz in dem
Mittelpunkte des Feldes, auf einer dort
aufgeworfenen Anhöhe, konzentrirt. Was
dort vorging, hörten und sahen blofs die
auf dem Hügel versammelten, welche vermöge ihres Amtes, als Mitglieder der Regierung und der konstituirten Autoritäten,
oder durch Vergünstigung mit unter der
Hand erhaltenen Billetten, gegenwärtig waren. Die gröfste Menge der Zuschauer hat
bei den Festen ihren Standort auf dem
Damme, der das grofse Feld umgiebt, und
ist hier von dem Mittelpunkte viel zu weit
entfernt, um an den dort angeordneten
Szenen Theil nehmen zu können. Dort
werden Reden an das Volk gehalten; das
Volk hört sie nicht, — man lieset sie aber
nachher in öffentlichen Blättern. Ein voll-

kommenes Orchester führt dort feierliche
Musik auf; Volkschöre werden gesungen,
aber das Volk vernimmt nur, an der Seite,
wohin ein günstiger Wind bläset, rauschende
Töne der Blaseinstrumente und Wirbeln
der Pauken; und was soll es mitsingen?
da es nicht einmal die Melodie sonst allgemein bekannter Nazional - Lieder unterscheiden kann! Alle Hauptfeierlichkeiten werden
auf dem Hügel gegeben; der Göttin des
Vaterlandes wird geopfert; Bürgerkronen
werden ausgespendet; — und man sieht nur
in der Ferne die von den Altären aufsteigen-
den verfinsternden Rauchwolken, und auch
durch das schärfste Fernglas nichts weiter,
weil die Bäume und Terrassen des Hügels
und des Amphitheaters für die nächsten Zuschauer, alle diese Szenen in der Mitte ein-
schliefsen, und sie der Ansicht aus der Ferne
abschneiden. Blofs das, was auf der Feld-
ebne vorgeht, sieht das Volk; — und dieser
Anblick ist bei einigen dieser Feste mahlerisch schön.

An dem Feste des Sieges und der
Erkenntlichkeit war das Feld, an den
Damm her, ringsum mit italienischen Pap-

peln, den sogenannten Freiheitsbäumen,
nach der Zahl der republikanischen Departementer bepflanzt. An jedem Baume hing
ein Schild, mit dem Namen eines Departements, und zwischen den Zweigen flatterten
dreifarbige Fahnen. Das Feld glich einem
Lager; Zelte waren aufgeschlagen; am Hintergrunde sah man starke Kriegshaufen, und
eine Linie Nazionalgarde zog sich, zur
Gränze für die Zuschauer, längs dem Damm
hin.

Den, im Mittelpunkt des Feldes in Terrassen sich erhebenden, mit frischen Ra-
sen bedeckten Hügel, beschatteten Pappeln,
Eichen und blühende Orangebäume, mit
Laubgehängen von Eichenzweigen unterein-
ander verbunden. Eroberte Trophäen, und
Schilder mit den Namen der vierzehn französischen Heere, hingen an den Pappeln,
und eine Wagenburg von Kanonen umgab
den Hügel. In der Mitte des Hügels ragte
eine grofse Eiche hervor, in deren Ästen
eroberte Fahnen weheten; doch waren keine
darunter, die den jetzt mit Frankreich verbündeten Mächten, deren Gesandten hier
gegenwärtig waren, gehörten. Unter dem

Schatten dieser schönen Eiche stand, auf
einem hohen Fufsgestelle, die kolossale Bildsäule der Freiheit, die Linke auf die Konsti-
tuzionsakte gestützt, in der Rechten den Frei-
heitshut emportragend; neben ihr die Statüen des Sieges und des Ruhms. Von vier
antiken hohen Rauchgefäfsen stieg brennen-
der Weihrauch auf. Vor der Statüe war
der Altar des Vaterlandes errichtet, auf welchem für seine verwundeten und nicht besiegten Vertheidiger, Bürgerkronen und Pal-
menzweige lagen. — Dieses Ganze des
Hügels gab eine grofse und mahlerische
Ansicht.

Mit dem Sonnenaufgange ward der Fest-
tag von dem Kanonendonner auf dem Ver-
einigungs- oder Marsfelde angekündiget. Um
ein Uhr traten die fünf Direktoren, als Vor-
sitzer des Festes, in der Staatskleidung, umgeben von ihren Ministern, Staatsboten, Huissiers und Garden, und begleitet von allen
fremden Gesandten und den konstituirten
Autoritäten, aus der vormaligen Militairschule
auf das Feld. Durch doppelte paradirende
Gardelinien ging der Zug nach dem Hügel,
wo er von einer Kriegssymphonie des grofsen

Orchesters empfangen ward. Die Direktoren bestiegen ihre, vor der Freiheitsstatüe
erhöheten Sitze, und das Gefolge saß zu beiden Seiten im Halbzirkel. *Carnot*, der
Präsident, stand auf, und hielt eine Rede
voll Begeisterung. — Er begann mit einer
gefühlvollen Darstellung der Pflicht der Erkenntlichkeit gegen den Urquell aller Gaben, gegen die Wohlthäter unserer Jugend,
und gegen alle, mit welchen wir durch die
mannigfaltigen Lagen und Verhältnisse im
Leben verbunden sind. — »Es giebt« fuhr
er hier fort, und ich zeichne diese Stelle
seiner Rede aus, um deren Geist darzustellen; »es giebt auch eine Pflicht der Dankbarkeit ganzer Nazionen gegen einzelne Menschen. Ein großes Volk ist in diesem Augenblicke versammlet, um den verdienten tugendhaften Bürgern, Opfer der Dankbarkeit
darzubringen. Wie theuer ist sie uns, die
Erfüllung dieser schönen Pflicht! Wie gerne
huldigen wir euch, ihr alle, denen das Vaterland den Ruhm und die Gründung seines
Glücks schuldig ist: ihr, denen Frankreich
seine politische Wiedergeburt verdankt, muthige Philosophen, deren Schriften die Re-

voluzion vorbereiteten, die Sklavenfesseln ab-
feilten, und lange schon die Wuth des Fana-
tismus bändigten: ihr Bürger, deren kühner
Arm diese glückliche Revoluzion ausführte,
die Republik gründete, und sieben Jahre
lang kämpfte, gegen Verbrechen und Ehr-
sucht, gegen Königthum und Anarchie; ihr
alle endlich, die ihr Frankreich glücklich
und blühend zu machen strebt, es durch
eure Talente erhebt, mit euren Entdeckun-
gen bereichert; — empfangt hier der Nazion feierlichen Dank! Empfangt ihn vor
allen, ihr republikanischen Heere, an deren
Ruhm und Glück uns hier alles erinnert! « —
Und nun verkündigte *Carnot*, er, der seit
mehrern Jahren diese Heere durch seine
Plane zum Kampf und Sieg führte, ihr Lob,
und ein stilles Bewußtsein seines Verdienstes
schien seine Züge zu beleben. Seine Rede
glich hier einem reißenden Waldstrome; ein
Gedanke drängte den andern, ein glänzen-
des Bild folgte dem andern; die Hauptzüge
des in den Annalen der Geschichte aufge-
zeichneten langen großen Kampfes, — warum müssen ihn unauslöschliche Flecken von
Raub und Indisziplin verdunkeln! — stellte

er mit lebendigen Farben dar; und als, im Feuer der Rede, ihm Worte zu fehlen schienen, um die grofsen Bilder, die sich seiner Einbildungskraft auf einmal vergegenwärtigten, auch so darzustellen, rief er: »Ach! warum kann ich hier das unermefsliche Gemälde ihres Ruhms nicht ganz entrollen! warum sie nicht alle nennen, unsre unerschrocknen Vertheidiger! Welch' ein Reichthum von erhabenen Bildern und theuren Namen stellt sich meinem Geiste dar!« Hier rief *Carnot* die Abgeordneten der Armeen auf, zu erscheinen, und die Bürgerkronen der Nazion aus seiner Hand zu empfangen. — »Und ihr, Franzosen, so endigte er, die man hat verführen wollen, verschliefst euer Gefühl nicht vor diesem rührenden Schauspiel. Sollten unsere Vertheidiger vergebens gesiegt haben? Wollt ihr, dafs neue Trennungen und Unruhen die Früchte ihrer Thaten vernichten? Ich fordre euch auf, euren gegenseitigen Hafs heute abzuschwören; für euch alle ist ihr edles Blut geflossen; — seid nicht undankbar am Tage der Erkenntlichkeit!«

Unter Anstimmung von Siegeshymnen, von *Chenier*, *Lebrun* und *Coupigny* gedichtet,

und von *Gossec* und *Méhul* in Musik gesetzt, näherten sich jetzt die Deputazionen
der vierzehn Armeen, Veterane und verwundete Soldaten in ihrer Mitte. Diese erstiegen den Hügel, empfingen Bürgerkronen
für sich, und Fahnen für jede Armee, welche sie zu den, im Hintergrunde des Feldes
aufmarschirten vierzehn, diese Heere vorstel-
lenden Bataillonen, zurück trugen. Diese
rückten nun mit ihrer Feldmusik und ihren
neuen Fahnen an, verbreiteten sich auf dem
Felde, und machten, von Kavallerie unterstützt, eine Stunde lang Kriegesübungen.
Die Fahnenträger erschienen auf dem Hügel,
und der Präsident des Direktoriums befes-
tigte an jede Fahne einen Eichenkranz. —
Der *Chant du Départ*, und die Hymne: *Allons, enfans de la patrie* ward gesungen,
und die ganze Kolonne zog nun an dem
Hügel vorüber. — Dann schloss das Fest
mit Kriegsevoluzionen und Generalsalven der
Kanonen. — Nach dem Rückzuge des Direktoriums und des Gefolges, ward das Feld
dem Volke zum Tanze geöffnet. — Die auf
dem Felde unter Feldmusik gegebene Kriegesübungen machten eine treffliche Wirkung:

das übrige des Festes aber war für den grofsen Haufen verloren.

Gleichgültig und kalt hatte die entfernte, gegen die Pariser Volksmenge geringe
Zahl der Zuschauer, dem Schauspiele zugesehen, ohne das auf dem Hügel oft erschal-
lende *Vive* und Beifallsklatschen, wovon sie
die Veranlassung nicht wufste, zu wieder-
holen, und auch jetzt blieb nur ein kleiner
Theil zum Tanze. »Am Friedensfeste, hörte
ich einige sagen, da wollen wir tanzen!«
Man sah unter den Zuschauern wenig gut
gekleidete. »Diese Feste,« so hörte ich Tages vorher in einer, freilich eben nicht republikanischen Gesellschaft, sagen, »kommen
so oft, dafs man, um sie zu sehen, nicht
mehr bis ans Fenster geht.« — Und das ist
also der Gemeingeist dieser Menschen, den
man durch solche Aufmunterungen zu heben,
wie vergebens! — hofft. Dafs aber eben dieses
gleichgültige Volk hält was es verspricht,
und mit vollem Herzen am Friedensfeste
tanzen wird, darauf will ich schwören: denn
aller Wünsche vereinigen sich hier.

In den Tageblättern erhoben sich nun bittre Klagen, über den Mangel an Gemein-

geist und an Liebe zur Sache der Freiheit,
der sich bei dieser Gelegenheit gezeigt hatte,
und eben so viel Tadel der Einrichtung des
Festes. Aristokratismus ist es, riefen einige
dieser Blattschreiber, dafs man so viele Fälle
für gute Freunde hat gelten lassen, und nur
einige Privilegirte auf dem Hügel zugelassen
hat! Der Tadel war lächerlich: denn es war
kein Platz für viele Zuschauer dort. Andere spotteten: das Direktorium habe für
sich und sein Gefolge allein, dieses Fest
gegeben; »sie allein haben dort alles gesehen und gehört, und wir andern nichts.« —
Selbst der duldsame *Röderer* mischte sich
unter diese Tadler, und schlug in seinem
Journale vor, künftig auf dem Damm hie und
da Orgeln aufzustellen, damit das Publikum,
von diesen begleitet, in die patriotischen Lieder einstimmen könne. »Ihr habt, setzte er
hinzu, die Gleichgültigkeit des Volks an dem
Fest unserer Triumphe gesehen; hättet ihr
das Friedensfest damit verbinden können, es
würde anders gewesen sein.« — Andre
Journale hingegen, und unter andern der
offizielle *Rédacteur*, widersprachen dieser Behauptung von der Gleichgültigkeit des Volkes; — aber *Röderer* hatte Recht.

Ein gerechter Tadel vieler billigdenken-
den Republikaner traf einige, an dem Feste
gesungne Hymnen. Aus einem lobenswürdi-
gen Zartgefühl, hatte man die eroberten Fahnen der Mächte, mit welchen Frankreich
Frieden geschlossen hat, nicht unter die übrigen Trophäen gemischt; die Gesandten der
Könige waren gegenwärtig; und doch
konnte man gestatten, daſs in den Hymnen
heſtige terroristische Verwünschungen gegen
die Könige, die, wie vordem, in diesen Lie-
dern, mit Tyrannen und Despoten in eine
Klasse gesetzt sind, ausgestoſsen wurden *).
»Es ist« sagte der beherzte *Lacretelle* der
jüngere, im *Censeur*, sehr wahr, eine grau-
same Beleidigung der Gastfreundchaft, auch
nur zuzugeben, daſs solche Verse gesungen
werden. Gerade jetzt rief im brittischen

---

a) Es hieſs in einer dieser Hymnen von den republikanischen Kriegern :

. *Qu'ils écrasent la tête altière*
  Et des despotes et des rois!

und nachher im Chor:

  Périssent les tyrans du monde;
  Victoire à ses libérateurs!

Parlement der insolente *Fizwilliam* gegen
uns aus: *Périsse le peuple françois!* b) Ich
weifs es wohl, dafs eine noch so schreckli-
che Drohung nur um desto lächerlicher durch
die Ohnmacht in der Ausführung wird; aber
ich frage: Sollte sich nicht der allgemeine
Unwille, sowohl gegen den Dichter *Chenier* c) als gegen den Lord *Fizwillium* erheben, die beide als Prediger des Vertilgungs-
Krieges auftreten? Ein Vertilgungskrieg! und
am Ende des achtzehnten Jahrhunderts will
man d e n einführen!«

Ein zweites Volksfest war damals das
F e s t d e s A c k e r b a u e s; was Pomp und
Dekorazion betrifft, sehr mahlerisch, — aber
ohne Wirkung und ohne Theilnahme: denn
bei diesem Feste waren der Zuschauer noch
viel weniger als bei dem erstern. Nicht das
Direktorium, sondern die Departemental-Ad-
ministratoren führten dabei den Vorsitz.

---

b') Verderben über das Volk der Franzosen!

c) Nicht *Chenier*, sondern *Coupigny* ist der Verfasser jenes terroristischen Gesanges. Aber auch *Chenier* sieht dergleichen sonst vollkommen ähnlich.

Der Hügel war mit Garben und Ahrenkränzen und Blumengehängen dekorirt. Auf dem Altare des Vaterlandes loderte ein Feuer zwischen antiken Rauchaltären. Ein Zug von Kindern, Jünglingen und Mädchen, mit Blumen bekränzt und umgürtet, gingen, mit vielen Bauern, vor zwei, von weifsen Ochsen gezogenen, antiken Wagen her. Auf dem einen stand ein vergoldeter Pflug, und auf dem zweiten und gröfsten safs die von Garben umgebene Göttin, Freiheit, vor einem Altar, an welchem zwei junge Mädchen, ihre Priesterinnen, das heilige Feuer unterhielten. Der Zug, welchen Bauern und Soldaten beschlossen, ging auf dem Felde umher. Volkslieder, Hymnen, und die Gesänge aus *Rousseau's Devin de village*, wurden, von einem stark besetzten Orchester begleitet, gesungen. Dann ward der Pflug auf den Hügel gebracht, wo die Knaben und Mädchen, Blumen, Früchte und Garben an dem Altare des Vaterlandes niederlegten, der Präsident des Pariser Departementes die Landleute anredete, und zweien von ihnen, deren Namen proklamirt wurden, zur Belohnung ihres Fleifses und Patriotismus, Bürgerkronen ertheilte.

Der Präsident schnitt hierauf mit dem von
Ochsen gezogenen, und von dem General
der Pariser Garde geleiteten Pflug, eine Fur-
che um den Altar her, in welche von den
Landleuten Samen gestreuet ward. — Der
Plan zu dem Feste war von dem Erfinder
Peyre gut angelegt, und hätte eine allgemeinere Theilnahme verdient. Diesesmal waren
auch die Journalisten über den Mangel an
Theilnahme der Bürger an den Bürgerfesten,
so ziemlich einstimmig.

Am 17ten *Messidor*, (5ten Jul.) feierten
die Amerikaner in Paris ein Fest in einem
andern Geiste. Bürgersinn, ungemischte Freude, Eintracht, und das Herz der Theilnehmer, waren dabei gegenwärtig. Es war das
Fest der Unabhängigkeit der amerikanischen
Staaten, wozu *Monro*, der Gesandte der
vereinigten Staaten, die Präsidenten der beiden Räthe, mehrere Mitglieder derselben,
die Minister der fremden Gesandten, und
die sämmtlichen Amerikaner eingeladen hatte.
Der grofse Garten des Hauses in der Strafse
Grenelle, war schön dekorirt. Man speiste
unter mit Blumengehängen umschlungnen
Bäumen, und die aus dem Gebüsch erschal-

lenden Musikchöre stimmten zu dem Klange
der Becher, die auf das Wohl der beiden
Republiken geleert wurden. Ein Zug dieses
patriotischen Festes fand in Paris im Allgemeinen so viel Beifall, als er ein Beweis der
gemäfsigten Stimmung, selbst der Gesetzgeber gegen einen Mann ist, den ein unver-
dientes und grausames Schikfal verfolgt, und
dessen Namen man dort sonst nie ohne den
Beisatz, der Verräther, nannte. — An dem
schon beengten Tische war noch ein unbe-
setzter Platz, zwischen den beyden Deputirten im Rathe der Alten, *Dumas*, der im Amerikanischen Kriege unter *Rochambeau* ge-
fochten hatte, und *Barbé Marbois*, eben damals französischer Gesandter in Amerika,
offen gelassen. Ein Zettel mit der Aufschrift:
*Le général Lafayette, commandant l'infante-
rie légère américaine,* lag auf dem Gedecke,
das während der Malzeit unbesetzt blieb.
»Diese sprachlose und rührende Huldigung,«
so äufserte sich ein patriotisches Blatt über
diesen Zug, »dargebracht dem Sieger von
Kornwallis, und einem der ersten Beförderer
der französischen Revoluzion, welcher jetzt
mit seiner Familie in einem scheufslichen

Kerker umkommt, in welchen ihn der Hafs
unserer unversöhnlichsten Feinde hinabgestürzt hat, ward als ein edelmüthiges und
natürliches Merkmal der Dankbarkeit betrachtet. «

Das französische Pantheon.

AUX GRANDS HOMMES, LA PATRIE RECONNOIS-
SANTE.

Diese Verkündigung der hohen Weihe des
herrlichen Tempels ist herzerhebend; sie
redet zum innersten Gefühle jedes Menschen. — — Warum dringt sich dabei die
nicht zu verbannende Erinnerung auf, und
schwächt den wohlthätigen Eindruck, dafs
der, zu einer so grofsen Bestimmung einge-
weihete Tempel, durch des scheufslichen
Murat's Kadaver, das unter diesen Gewölben einst neben *Rousseau's* ehrwürdiger
Asche ein Grab fand, schon entweihet ist! —
Der Genius Frankreichs wehre auf immer
der Wiederkehr einer so schrecklichen Ver-
blendung, und es entferne sich nie der republikanische Senat, in der Zuerkennung der
Ehre des Pantheons, von den reinen Begrif-
fen wahrer Gröfse und hohen Bürgerverdien-
stes, dem dieses Denkmal gehört, und woran
die Überschrift des Portikus:

Das dankbare Vaterland, seinen
grofsen Männern

so stark erinnert.

Das vor vierzig Jahren, in der, mit seiner Bestimmung sonderbar kontrastirenden
Absicht, die Kirche einer Legendenheiligen,
der *Genovefa*, zu sein, nach *Sufflots*
Entwürfen angefangene kolossale Gebäude,
ist noch nicht vollendet; und die unter *An-
toine Quatremere's* Anleitung vorgenomme-
nen Arbeiten, um das Monument für seine
nene Bestimmung zu eignen, geschehen langsam, und werden noch einige Jahre erfordern. So viel es bei dem Eingriff in den
Plan des ersten Erbauers möglich ist, ent-
sprechen die jetzigen Veränderungen dem
Zweck, und es sind hauptsächlich folgende:
Die grofse, von zwei und zwanzig kanne-
lirten korinthischen Säulen, woraus der Portikus besteht, getragene Attike, füllte vordem ein Basrelief von *Coustou*, mit der
mystischen Vorstellung des Triumphs des
Kreuzes. Es ist hinweggenommen: das Vaterland, welches der Tugend und dem Genie seine Bürgerkrone darreicht, — ist der
Gegenstand des neuen grofsen Basreliefs von
Moitte; und es versinnlicht die Bedeutung
jener schönen Überschrift des Portikus.
Unter dem prächtigen Peristyl dieser sich

dem Auge grofs und herrlich darstellenden
Vorhalle, sind die beiden Nebenthüren zuge-
mauert; zwei zu Inschriften aus der Legende bestimmt gewesene grofse Tafeln sind
mit den, ähnliche Gegenstände darstellenden
Basreliefs, weggenommen, und zwei Gruppen und zwei Statüen von kolossalischer
Gröfse, mit fünf analogen Basreliefs dafür
aufgestellt. Die Überschrift der Hauptthür,
Panthéon françois, l'an III.' de la liberté,
wird weggenommen werden, wenn das Publikum an diese neue Benennung des Tempels
gewöhnt ist, und dann wird blofs das Stif-
tungsjahr, wie an den alten Tempeln, über
der Thür stehen. — Die vier Statüen, —
noch sind es blofs Gipsgüsse, die bald in
Marmor ausgeführt werden, — haben, mit
den Basreliefs und Inschriften, zu viel Interesse, um sie hier nicht zu benennen.

Basrelief, über der Hauptthür zum Tempel, von *Boichot.* Erklärung der Menschen-
rechte. Die Natur, mit der offnen Gesetz-
tafel, und neben ihr die Freiheit und
Gleichheit.

Gruppe von *Chaudet.* Der öffentliche
Unterricht. Minerva, in der Friedenstoga,

hält in der aufgehobenen Rechten, einem sich
an sie hinanschmiegenden Knaben, einen
Kranz vor. — Basrelief über der Gruppe, von *Lesueur*. Das Vaterland stellt den,
von ihren Kindern begleiteten Ältern, die
den öffentlichen Unterricht ertheilende Leh-
rerin vor. — Inschrift über der Gruppe:
*l'Instruction est le besoin de tous. La so-
ciété la doit également à tous ses mem-
bres* d). Die Gruppe ist treflich gedacht,
und gut ausgeführt. Minervens Gewand ist
schön.

Gruppe, an der entgegengesetzten äu-
fsersten Seite der Halle, von *Mus on*. Der
Tod für das Vaterland. Die weibliche Figur des Vaterlandes hält einen verwundeten
nackten Krieger, der neben ihr auf seinen,
mit einer Löwenhaut bedeckten Schild, sterbend niedersinkt, mit Mutterzärtlichkeit auf
ihn herabblickend. — Basrelief von *Chaudet*. Der Genius des Ruhms unterstüzt einen Soldaten, welcher sterbend an dem Al-

---

d) Der Unterricht ist das Bedürfnifs Aller. Die Ge-
. sellschaft ist ihn gleichmäfsig allen ihren Gliedern
schuldig.

tare des Vaterlandes niedersinkt, indem er sein Schwert darauf hinlegt. — Inschrift: *Il est doux, il est glorieux de mourir pour la patrie* e). Die ganze Ausführung dieser Gruppe ist des trefflichen Gedankens würdig: der Ausdruck ist redend, die Wirkung grofs.

Die Thür zur Rechten, eine Figur von *Roland.* Das Gesetz. Gebietend streckt die sitzende Figur, mit hohem Ernst im Ausdruck und Stellung, die Rechte mit dem Befehlshaberstab aus, und stützt die Linke auf die Gesetztafeln, worauf die Worte eingegraben sind: *Les hommes sont egaux par la nature, et devant la Loi* f). Basrelief von *Frontin.* Das Vaterland zeigt dem Volke das Gesetz, als den Ausdruck des Gemeinwillens aller. Ein Greis kniet vor den Gesetztafeln; ein Soldat schwört das Gesetz zu vertheidigen. Inschrift: *Sous le régime de la Loi, l'innocence est tranquille* g).

_____

e) Süfs und ruhmvoll ist, sterben für das Vaterland.

f) Gleich sind die Menschen durch die Natur, und vor dem Gesetze.

g) Ruhig ist unter des Gesetzes Herrschaft, die Unschuld.

Der Thür zur Linken, eine sehr mittel-
mäſsig geraihne Figur von *Boichot.* Die Stärke. Ein ruhender Herkules, die Rechte gestützt auf eine Tafel, mit den Worten: *For-*
ce par la Loi h). — Basrelief von *Ro-*
land. Die am Eingange des Tempels der
Gesetze sitzende Figur des Vaterlandes, zeigt
der Unschuld die Statüe der Gerechtigkeit. —
Inchrift: *Obéir à la Loi, c'est régner avec*
elle i).

Die Façade des Pantheons hat dadurch
am männlichen Karakter gewonnen, daſs
an den Seitenwänden, neben dem Portikus,
die vormaligen groſsen Kirchenfenster zuge-
mauert sind, und diese Wände nun, neben
der ohnehin fast zu reichen, und von *Suff-*
lot mit Ornamenten überladenen Vorhalle,
zwei groſse Massen bilden. — Statt der von
der Spitze des Doms, mit ihrem kolossalen
Kreuz, abgenommenen Laterne, ist hier ein
groſses Fuſsgestelle, für eine noch nicht vollendete, sieben und zwanzig Fuſs hohe Sta-

h) Stärke durch das Gesetz.

i) Dem Gesetze gehorchen, heiſst mit ihm regieren.

tüe des Ruhms, welche *Dejoux* in Bronze
ausführt, aufgemauert, und mit einer offnen
Gallerie umzogen. In diesem Fufsgestelle,
das oben eine Halbkugel bildet, ist ein Zimmer angebracht, und zum Observatorium bestimmt, um in einzelnen Fällen, auf diesem
höchsten Standorte der Stadt, Beobachtungen anstellen zu können. — Man denke
sich die weite herrliche Aussicht, von der,
vierhundert und sechzig Stufen von der Erde erhöheten Gallerie, über die Stadt und
Gegend!

Es ist im Vorschlage, die aus zwei und
dreifsig Säulen bestehende vorfpringende Kolonnade, welche die Kuppel umschliefst, nichts
trägt, und dem Dom ein etwas magres Ansehen giebt, mit kolossalen allegorischen Figuren der, von der, aus ihrer Mitte sich
erhebenden Statüe des Ruhms, verkündigten
Tugenden, zu besetzen.

Die Aussicht der Façade dieses Tempels,
der Vorhalle, und des darüber majestätisch emporsteigenden Doms, ist unbeschreib-
lich grofs und anziehend. Es ist nicht möglich, daran vorüber zu gehen, ohne zu verweilen, sich des schönen Anbliks zu freuen,

und die wohlthätigen Empfindungen zu näh-
ren, welche die Überschrift: *Aux grands
hommes, la patrie reconnoissante* wekt k).

In dem Innern des Tempels sucht man
durch zweckmäſsige Veränderungen: als
durch Vermauern der vielen überflüſsigen
Fenster, durch Wegräumung der überlästigen
Menge mannigfaltiger Ornamente, Stukatur-
arbeiten, Kannelirungen, und ähnlichen Spie-
lereien der alten französischen Baukunst, den
zweckwidrigen fröhlichen Karakter des Gebäudes zu vermindern, und ihm dagegen
durch Bildung groſser Massen, und durch

---

k) Das, diesen Fragmenten vorgesetzte Titelkupfer
stellt die Façade des französischen Pantheons dar,
so wie sie sich mit den, bisher damit vorgenom-
menen Veränderungen dem Auge zeigt. Weil der
Tempel, so wie er jetzt ist, noch nicht in Kupfer
gestochen war, muſste ich, der Zeichnungskunst un-
kundig, um eine anschauliche Erinnerung dieser Ansicht zu behalten, mich damit begnügen, mir an
Ort und Stelle diese Façade in mein Portefeuille zu
skizziren. Herr Hardorf, ein geschickter Histo-
rien- und Portraitmaler in Hamburg, hat unter meiner Aufsicht, diese Skizze ins Reine gezeichnet, und
nach dieser Zeichnung ist das Blatt, von Herrn
D. Berger, mit der, seinem treflichen Grabstichel
eignen Zartheit, gestochen.

ein gemäfsigtes, von oben herab, vermittelst
rauh geschliffner Fenster, geleitetes Licht,
ein ernstes, seiner jetzigen Bestimmung an-
gemefsnes Ansehn zu geben. — Aber man
wird, bei aller verwandten Mühe, Arbeit
und Kosten, diesen Zweck nie ganz erreichen können. Die in dem ursprünglichen
Plane des Gebäudes liegenden Schwierigkeiten, womit man dabei zu kämpfen hat, sind
zu grofs, einige ganz unüberwindlich; und
die gewählte unbequeme Kreuzform der Kirche, mit ihren unzähligen Ecken und Vor-
sprüngen, wird nie eine grofse und freie
Übersicht des Ganzen gestatten. Auch erheben sich schon Klagen gegen die Mauerer,
und gegen die, mit ungeheuern Kosten er-
künstelten Veränderungen in dem Innern des
Tempels. Man beschuldigt, ich weifs nicht
ob mit gegründetem Rechte? — die Bauadministrazion des Pantheons, dafs die Arbeiten
zu oberflächlich leicht, und nicht solide ausgeführt werden. — Besonders ist *Mercier*
ein erklärter Gegner des ganzen Unterneh-
mens: er nannte die Bestimmung des Tempels, gegen mich, einen Götzendienst. »Dieses Gebäude, rief er vor kurzem im Rath

der Fünfhundert, im übertriebenen Eifer aus, »dieses Gebäude ist der Zeuge unserer unheilbaren Veränderlichkeit, und unserer beständigen Frivolität: ein Skandal der Baukunst! — Seitdem das Kadaver des Zerstörers *Marat* in das Pantheon kam, scheint es, als ob sich alles an dem Gebäude dem Untergang entgegen neigt, womit dieses Ungeheuer ganz Frankreich bedrohete.«

Verschwunden sind jetzt von den Tribünen und Gewölben die unzähligen Basreliefs, mit Gegenständen aus dem alten Testament und aus der Legende; aber nicht vermindert ist die zahllose Menge dieser Dekorationen, sondern wieder durch Allegorien und Sinnbilder des Patriotismus, der Philosophie, der Wissenschaften, Künste und Gewerbe, und Apotheosen heroischer und gesellschaftlicher Tugenden, ersetzt.

Auf einem Thron, in der Tiefe des Tempels, wo der Hauptaltar sonst zu stehen pflegt, sitzend, wird sich die Statüe des Vaterlandes, die Schutzgötter der Republik, Freiheit und Gleichheit umschlingend, erheben, und in dem weiten Raum unter der Kuppel, ihr, von Rauchaltären und allego-

rischen Figuren umgebener Altar errichtet
werden. Die französischen Künstler sind
aufgefordert, ihre Entwürfe zu diesen Haupt-
dekorazionen des Pantheons, dem Direktorium vorzulegen. — Der bis jetzt noch un-
bedeckt liegende Fußboden wird mit verschiednen Marmorarten ausgelegt werden.

Die immer rege Kritik in Paris macht
der Bauadministrazion im Allgemeinen den
Vorwurf: daß alle diese vorgenommnen Än-
derungen und Dekorazionen dem Karakter
eines Begräbnißplatzes für große Männer nicht entsprächen. Der Vorwurf ist
ohne Grund; denn das Gebäude ist vielmehr
ein dem Andenken der großen Männer, deren Asche in den Erdgewölben ruhet, ge-
widmetes Denkmal. Der Vorwurf ist zugleich unbillig, weil man dabei die Schwierigkeiten verkennt, mit welchen die Administrazion bei diesen Veränderungen zu
kämpfen hat, und nicht erst die Vollendung
des Ganzen erwartet. — Eine andre Frage
aber ist diese: ob das trefliche und groß
gedachte Denkmal für verdienstvolle Männer,
wie manche andre der Bildung der jetzigen
Generazion noch fremde, übereilt - neue An-

stalt der Republik, die Wirkung auf das
Ganze der Nazion machen wird, den man
sich, im schönen Traum patriotischer Phantasie, davon verspricht? Es müsste fürwahr
eine ganz veränderte, solchen Ideen ange-
mefsne, und ihre Wirkung unterstützende
Erziehung vorangegangen sein, um dieses
mit Grunde hoffen zu können. Die künftige
Generazion sei darüber Richter! — Unter
der Voraussetzung dieses wirklichen Ein-
drucks redet der Baudirektor *Quatremère* in
seinem, nicht ins Publikum gekommnen Bericht an das Direktorium, über die bisher
vollendeten, ·und noch bisher bevorstehen-
den Arbeiten in dem Pantheon, indem er
sich gegen den ihm gemachten Vorwurf der
Unzweckmäfsigkeit der Veränderungen ver-
theidiget. »Das Pantheon» sagt er — wenigstens dichterisch schön —« ist in der
That weniger die Wohnung des Todes,
als ein Aufenthalt der Unsterblichkeit. Es
ist keine Grabstätte, deren ernste und düstre
Formen die Stille der Grüfte ankündigen sollen, sondern ein, der Verehrung grofser
Männer geweiheter Tempel : und da keinem diese Ehre früher, als ·nach seinem

M

Tode 1) zuerkannt wird, so geschieht dies
vielmehr mit den Zeichen der Vergötterung
und einer philosophischen Weihe, als unter
den Sinnbildern der Sterblichkeit.«

- Die Katakomben des Pantheons sind
durch *Rousseau's* und *Voltaire's* hineinver-
setzte Asche, zum Ruheplatze der entseelten
Reste großer Männer, eingeweihet. — Die
kränkende Vorstellung, daß diese stillen
Gewölbe einst durch *Marat's* Kadaver besudelt wurden, erfüllt die Seele hier, mit
Grauen und Abscheu. Da steht noch der
zertrümmerte Sarkophag, worin dieser mit
Fluch bedeckte Moder lag, den man nachher wieder herauswarf, und ihn in eine
Kirchhofsecke, mit ungelöschtem Kalk be-
schüttet, verscharrte. — *Mirabeau's* Ge-
beine mußten *Marat* Platz machen, und wurden an einen bezeichneten Ort beigesetzt.

---

1) Der 13te Abschnitt des 5ten Titels in dem Gesetze
vom 3ten Brümaire im 4ten Jahr, entscheidet über
diese öffentliche Ehrenbezeugung, mit den Worten: »Die gesetzgebende Versammlung erkennt
den großen Männern, zehn Jahr nach ihrem Tode,
die Ehre des Pantheons zu.«

In einem andern Winkel dieser Grüfte sieht man einen, vormals für des General *Dampierre*'s Leichnam bestimmt gewesenen Sarkophag: das Dekret seiner Versetzung ins Pantheon ward nachher widerrufen.

Die beiden Sarkophage, in welchen *Rousseau*'s und *Voltaire*'s Reste ruhen, stehen, in der Mitte der Gewölbe, einander gegenüber. Sie sind von Holz, und mit schlechten Basreliefs getäfelt: künftig werden sie von schwarzem Marmor verfertiget werden. Auf *Rousseau*'s Tomba steht die einfach schöne Grabschrift, von dem Grabe auf der Pappelinsel in Ermenonville: *Ici repose l'homme de la nature et de la vérité* m). An den beiden schmalen Seiten des Sarkophag's ragt eine Todtenhand, eine Fackel haltend, wie aus dem Grabe hervor. Es ist eine etwas schwerfällige Versinnlichung der Idee der durch den Philosophen nach seinem Tode gestifteten Aufklärung, — welche von dem Dichter gut benutzt werden kann, aber kein Vorwurf für die bildende Kunst ist.

m) Hier ruhet der Mann der Natur und der Wahrheit.

Diese Hand aus dem Grabe erregt mehr Grauen, als wohlthätige Empfindungen.

Voltaire's Sarkophag ist mit schwatzhaften Inschriften auf allen Seiten überladen, die seine Thaten und Verdienste, mit vielen Worten, in einem sehr unlapidarischen Stil erzählen.

Nach der Vollendung des Ganzen, werden in diesen Gräbern, Tag und Nacht, Sepulkral - Lampen brennen, und das Feierliche dieses Orts der Abgeschiedenen wird dadurch noch mehr gehoben werden. *Descartes's* Asche, die jetzt in einem porphyrnen, im Ägyptischen Stil treflich gearbeiteten kleinen Sarkophage, den Graf *Caylus* aus Italien brachte, mit der einfachen Aufschrift: *Cendres de Descartes*, in dem Depot der Nazional - Denkmäler in dem Augustinerkloster, aufbewahrt wird, — würde die nächste zur Ehre des Pantheons gewesen sein: aber die Zuerkennung ward, nach einer von *Mercier* im Rath der Fünfhundert erhobenen Debatte, aufgeschoben. *Mercier's* Gründe gegen die Pantheonisirung des Philosophen, waren besser gemeint, als gedacht und vorgetragen: und der Prozeß ging für *Descartes* diesesmal verloren,

weil *Chenier*, der, zufolge eines Konventdekrets
vom 28ften Oktober 1793, den Vorschlag am
29ften Mai vorigen Jahres that, sich überraschen liefs, und *Descartes* mit noch schwä-
chern Gründen, als die seines Gegners
waren, vertheidigte. Aber ich zweifle nicht,
dafs bei einem zweiten Versuche, der Antrag
durchgehen würde; denn man zürnte in Paris gewaltig auf *Mercier*'s Inkartade, wie
man seinen Einfall nannte, und misgönnte
ihm seinen leichten Sieg. Zugleich hatte er
auch *Voltaire* und dessen Erhebung zur
Ehre des Pantheons, angegriffen, und dadurch, bei den Gelehrten in Paris, das Mafs
vollgemacht. — An dem Tage dieser im
Rathe der Fünfhundert vorgefallnen Debatte,
speiste ich mit *Mercier* und mehrern Deputirten und Gelehrten, — stärkere Gegner
für ihn, als *Chenier* im Konseil. Hart ward
hier der gutherzige, von vielen Seiten mir
sehr achtungswürdige *Mercier*, den man mit
vollem Rechte zu den tugendhaften Männern
unter den Volksrepräsentanten zählt, wegen
seiner Inkartade angefochten, geneckt und
provozirt, befsre Gründe vorzubringen, als
die dieses Morgens waren. Der gute *Mer-*

cier kam hier sehr ins Gedränge, und ohne
Beistand, ohne Rednerstuhl und Präsidenten,
der ihm, bei seinem etwas stockenden Or-
gane, das Wort erhalten konnte, führte er
gegen seine starken Gegner, *Leroi, Four-
croy, Bourgoing, Lacepede, Jussieu, Dolo-
mieu,* und andere Gelehrten in der Gesellschaft, eine nur schwache Vertheidigung
seines Satzes. — Wäre hier, beim vollen
Becher, die Sache zur neuen Erörterung gekommen, *Descartes's* Partei würde mit einem
starken Übergewicht gesiegt haben: so aber
blieb es, bei einem zwar belebten, aber
freundschaftlichen Streit, und unserm *Mercier* ward, mit seinem oft wiederholten Aus-
rufe, das letzte Wort gelassen: *Point d'idoles,
point d'idolâtrie dans la République!* n)

n) Keine Götzen, kein Götzendienst in der Republik!

Gesetzgebende Versammlung.
Rath der Fünfhundert.

———◆◇◆———

Alle Geschäfte dieser gesetzgebenden Versammlung geschehen durch ernannte Ausschüsse, und nur das Resultat der Konferenzen wird in den Sitzungen des Raths
berichtet; und zum Dekret gebracht; die
Debatten selbst sind nur selten von Bedeutung, wie sie es bei andern Einrichtungen
vordem waren. Staatsgeschäfte von großer
Wichtigkeit und allgemeinem Interesse, werden in dem geheimen Ausschuß, wozu sich
der ganze Rath formirt, verhandelt, wobei
kein Zuhörer gegenwärtig ist. Die Versammlungen des Raths sind deswegen für den
fremden Zuhörer, nach der Stillung der ersten Neugier, den großen Volkssenat in
seiner Sitzung zu sehen, nur dann interessant, wenn man über einen Kommissionsbe-
richt wichtige Debatten voraussieht; und das
ist bei der Bekanntschaft mit einem oder
dem andern Deputirten, leicht vorher zu
erfahren.

Der Rathssaal der Fünfhundert ist die vormalige Reitbahn im Garten der Tuillerien, der ehemals der konstituirenden Versammlung gehörte. Man hat ihn eingekürzt; er formirt jetzt ein einfach dekorirtes langes Viereck von gutem Verhältnisse. Der erhöhete Präsidentenstuhl, mit seinem Büreau, und die Rednerbühne vor demselben, sind an dem schmalen Ende; fünf amphitheatralische Sitzreihen der Repräsentanten laufen den Saal hinab, und lassen in der Mitte eine länglichte Arena. Am andern Ende ist, als die sechste Sitzreihe, die Barre mit der Tribüne der Petizionairs; dahinter sind, in den abgeschnittnen Saalecken, die beiden Logographenlogen, und darüber die Volksbühnen. Die Sitze der Repräsentanten sind numerirt, und werden periodisch durchs Loos verwechselt, durch welche Einrichtung den vormaligen Parteienverbündungen, und jenen, böser Vorbedeutung vollen Benennungen der rechten und linken Seite, des Berges und Sumpfes, nun vorgebeugt wird. Die Volkstribünen sind verkleinert, und fassen etwa zweihundert Menschen. Es entsteht daher, vor der Eingangsthür zu diesen Tri-

bünen bis auf die Gasse hinaus, ein langer
Schweif von Leuten, die nach und nach, so
wie andre die vollen Tribünen verlassen,
einzeln hinaufgelassen werden. Auf den
Volkstribünen, die einst, mit unerhörter
Frechheit, die Versammlung verspotteten
und trotzten, herrscht ungestöhrte Ruhe: die
geringste Ungezogenheit eines Zuhörers wird
mit der Verweisung aus dem Saale bestraft.
— In den Logographenlogen sitzen etwa
zwanzig, von Journalisten besoldete Geschwindschreiber. Merkwürdig ist ihre Gewandheit im Auffassen der Hauptpunkte der
Debatten, und im Nachschreiben. Ihre
Schrift ist eine Chiffersprache von Abkür-
zungen. Diese Bursche erheben sich oft
selbst zu den ersten Zensoren der Verhandlungen und Reden; unverschämt tadeln
sie, oder lachen unter sich; und es geschieht
nicht selten, daß einer zur Ordnung geru-
fen, oder von dem Präsidenten aus dem
Saale verwiesen wird. Es ist übrigens kaum
begreiflich, wie diese Tachygraphen dem
Vortrage folgen können, da es der Stöhrungen so viele giebt. In dem, nicht nach den
Regeln der Akustik gebaueten Saale, verliert

man, in dieser weitesten Entfernung von
der Rednerbühne, ohne die höchste Anstrengung des Gehörs, viel von den Reden, wenn
die Sprache des Redners nicht sehr laut und
artikulirt ist; das Geräusch in der Versammlung, durch das Öffnen und Schliefsen der
Thüren, das Gehen auf dem hohlen hölzernen Amphitheater, das laute Zwischenreden
der Repräsentanten, und das immerwäh-
rende Geschwätz der Geschwindschreiber
selbst, sind für den ihnen nahen Zuhörer
eben so viel Stöhrungen der angestrengtesten
Aufmerksamkeit. — Das sogenannte Murren
in der Versammlung ist ein seltsames Getöse von unartikulirten Tönen, Räuspern,
Scharren oder gar Stampfen der Füfse, dem
die Klingel des Präsidenten Stille gebietet;
und das Geblöke der Huissiers: *Silence,
citoyens* ! verursacht oft mehr Lärm, wie
jenes Getöse selbst.

Morgens eilf Uhr sollen die Sitzungen
anfangen, selten aber werden sie vor Ein
Uhr geöffnet, wenn dann die zur Delibera-
zion erforderliche konstituzionelle Zahl, von
wenigstens zweihundert Mitgliedern, bei einander ist: doch hält man nicht strenge hier-

auf; ich habe einigemal bei Eröffnung der
Sitzung viel weniger Repräsentanten auf ihren
Sitzen gezählt, aber es kommen dann mit
jeder Minute mehr hinzu. Die vorbereiten-
den Konferenzen der Ausschüsse, die Vorar-
beiten der Berichtserstatter, die Zerstreuun-
gen und Geschäfte der Deputirten selbst,
und das Verhältnifs der, in zwei, höchstens
drei Stunden abzumachenden Verhandlungen, veranlassen diese Verspätungen.

Die für die Deputirten dekretirte Klei-
dertracht ist noch nicht eingeführt, und
wird wahrscheinlich nie eingeführt werden,
da man schon gegen den theatralischen
Schnitt dieser Braminen - Tracht Einwendun-
gen und Anträge gemacht, und eine passen-
dere Kleidung der Repräsentanten vorge-
schlagen hat. Auch würde die Anschaffung
des Kostüme, es möchte nun vom Staate besorgt, oder von den Deputirten bezahlt werden sollen, in beiden Fällen zu kostbar
sein. — Der Präsident zeichnet sich durch
eine, über den Rock gegürtete dreifarbige
Schärpe aus; die Huissiers tragen eine rothe.
Die Repräsentanten sollen auch dreifarbige
Schärpen, und dreifarbige Federbüsche am

Hut tragen, aber ein solcher *Représentant en costume* ist eine sehr seltne Erscheinung. Mir ward es vergönnt, sie zu sehen. Ein sehr wenig bedeutender Deputirter, dessen uninteressante Bekanntschaft ich in einer Gesellschaft machte, erbot sich, mich zu einer wichtigen Sitzung des Raths der Fünfhundert einzuführen. Ich nahm das Anerbieten dankbar an; — aber, wie stand ich da, »in meines Nichts durchbohrendem Gefühle!« als ich den kleinen Volksvertreter abzuholen kam, und ihn im vollen Glanze seiner Volksmajestät, in langen Pantalons, einer dreifarbigen seidnen Schärpe, den aufgeschlagnen Hut mit den Schwungfedern auf dem Kopfe, vor mich hintreten sah! War es mir zu Ehren geschehen? ich wage diese stolze Vermuthung nicht, obgleich ich auch keine andre Veranlassung dieser Erscheinung fand. — An der Hauptwand seines Zimmers war eine trophäenartige Gruppe, von noch zwei Schärpen, einem Staatshute, Säbel, und einigen paar Pistolen, aufgestellt; — und ich neigte demüthig mein Haupt vor diesem Aushängeschilde meines Mannes, dessen Volksrepräsentazion mir etwas unbe-

deutend schien, ob er mir gleich grofse
Dinge von seinen Missionen noch als Kon-
ventsdeputirter erzählte, und wie er den
Oberbefehlshabern — vielleicht gar *Pichegru*
— und den Vestungskommandanten, Ver-
haltungsbefehle, mit der ganzen Kraftfülle
des — sanskülottischen *DU* gegeben habe!—
Genug! — ich dankte dieser Einführung in
den Rathssaal, einen Platz auf der Tribüne
der Petizionairs, wo sonst die Ehre der Sitzung gegeben ward, und benutzte ihn nachher bei meinen oft wiederholten Besuchen
der gesetzgebenden Versammlung. — Die
Kleidung der meisten Repräsentanten ist
reinlich und ordentlich, diejenigen ausgenommen, welche aus natürlichen Anlagen,
oder bei sehr beschränkter ökonomischer
Lage, ihr Äufseres vernachläfsigen, und das
Auge mit einem sehr schmutzigen Anzuge beleidigen.

Der Geist der Mäfsigung, der Ordnung
und der Ruhe, dieser güte Geist der jetzigen Verfassung, herrscht auch in den Ver-
sammlnngen der Gesetzgeber der Nazion,
mit höchst seltenen Ausnahmen, wo der Dä-
mon Zwietracht sein scheuisliches Haupt

noch einmal wieder erhebt, so wie er einst
die Versammlung der Volksvertreter täglich
beherrschte und umhertrieb. — Die grofse
Majorität der Versammlung ist von jenem
guten Geiste beseelt, sowohl die, welche
durch Rednertalente und andre vorzügliche
Eigenschaften des Kopfs und Karakters ihre
Namen berühmt machen, und den Ton an-
geben, als auch die gröfsre Zahl derjenigen,
die sich an diese Männer anschliefsen, blofs
des Stimmegebens wegen da, und sonst meistens unbedeutende Menschen sind; wie es
z. B. mein vorerwähnter *Représentant en
costume* war.

Bei Szenen, die durch ein innres Reiben
des Parteigeistes der Minorität der Versammlung erzeugt werden, ist das Übergewicht
jener Majorität zwar immer sehr entscheidend, aber sie sind nichts desto weniger
ärgerlich, und werden von allgemeiner Mis-
billigung gefolgt. — Zwei bedeutende Szenen dieser Art, wovon aber nur die erstere,
veranlafst von einer Partei, deren beleidigter
Ehrgeiz und Anarchiegeist, wo sie nur Gelegenheit findet, gegen die jetzige Konstituzion und Regierung arbeitet, zum Ausbruche

kam, zeigten die beiden Sitzungen des Raths
der Fünfhundert am 25ſten *Germinal* und
21ſten *Prairial* (12ten April und 9ten Juni).
— Als Augenzeuge von beiden, will ich
hier eine skizzirte Darstellung davon geben;
weil die eine das starke Übergewicht des
bessern Theils des Raths, über versteckte
Kabale und gegen geheime Untergrabung
der gesetzlichen Ordnung, und die andre,
den Sieg der Tugend über die Angriffe des,
der Verachtung Preis gegebnen Lasters sehr
sichtlich beweiset. Die in dem schönsten
südlichen Theile Frankreichs, diesem den innern Gährungen hingegebenen Lande, fortdauernden Gewaltthätigkeiten des Hasses der
Parteien, wurden aufs neue im vorigen
Frühling, durch geheime Anstiftungen der
verlarvten rachedürstenden Terroristen befördert. — Der vormalige Abgeordnete in
diesen Departementern, *Freron*, ward durch
die Minorität des Raths beschuldigt, entweder durch zu viel Nachsicht gegen die Ver-
folger der gemäſsigten Partei, oder durch
geheime Mitwirkung, die Gewaltthätigkeiten
der Terroristen gegen die Gemäſsigten be-
günstigt zu haben; — und seine Ankläger

hofften, in *Frerons* Sturz, einen Theil der
herrschenden Regierungspartei verflechten,
und durch einen Eingriff in die Konstituzion,
selbst d i e s e untergraben zu können. —
Das gesetzvollziehende Direktorium ist durch
die Konstituzion berechtigt, allein und
ohne Konkurrenz der Gesetzgebung, den
innern Gährungen der Republik zu begegnen, und die öffentliche Ruhe durch zweckmäfsige Mittel aufrecht zu erhalten. Gegen
diese Vorschrift der Konstituzion hatte, zur
Ausführung ihres Plans, die Minorität eine
Mafsregel ergriffen, und durch den Repräsentanten *Isnard*, welcher in dieser Sache
vielleicht ein blofses Werkzeug war, und
die bevorstehende Gefahr nicht ahndete,
den Antrag gemacht, und es wirklich dahin
gebracht, dafs vom Rathe der Fünfhundert
eine K o m m i s s i o n zur aktenmäfsigen Untersuchung der bisherigen Unruhen in den
südlichen Provinzen Frankreichs, und ihrer
Quellen, ernannt ward; durch welche Mafsregel dann der Eingriff in die Konstituzion
geschehen, und zugleich eine Quelle unendlicher Denunziazionen und blutigen Zwistes
geöffnet war.

Der 23fte *Germinal* war zur Berichtserstattung der Kommission bestimmt. Bei der
Majorität erwachte in dieser Zwischenzeit
die Vorstellung der Grösse der auf diesem
Wege, der Konstituzion und sich selbst berei-
teten Gefahr. Der Rath war an diesem
wichtigen Tage ungewöhnlich stark versammelt. Man sah den Sturm vorher. Ent-
schlossen war die Majorität, zum Kampf
gegen die geheime Kabale gerüstet, und
diese war es nicht minder, den schlau an-
gelegten Plan durchzusetzen. Mit Begierde
ward die Eröffnung einer Sitzung erwartet,
welche Sieg oder Tod in ihrem Busen trug. —
Mit grofser Würde präsidirte *Doulcet-Pon-
tecoulant*, einer der edelsten Männer im
Rathe, wegen der vorzüglichen Eigenschaften
seines Geistes und seines Karakters allgemein geachtet.

Thibaudeau, durch die Gewalt seiner
siegenden Beredsamkeit, und durch seinen
hellen Kopf und Talente, eine starke Stütze
der Regierung — und ein liebenswürdiger,
stiller, bescheidner Mensch — trat, nachdem
die Sitzung eröffnet, und das Protokoll der
letzten Versammlung verlesen war, als Be-

N

richtserstatter der gefürchteten Kommission, in der Sache des Südens auf. — Mit einer geschickten Wendung entschuldigte er den Ausschufs, dafs, bei der ihm zur Untersuchung gegebenen kurzen Frist, bei der Aktenmenge, und der durch Einziehung noch unvollständiger Nachrichten vermehrten, und noch nicht vollendeten Arbeit, er den vom Rath heute geforderten Bericht noch nicht erstatten könne: er bat um Verlängerung der Frist, und um weitere Befehle. — — Das war das Kampfsignal. Eine Menge Redner forderten das Wort. *Bentabolle* war der erste. Ein brausender entschlofsner Karakter spricht aus seinem ganzen Äufsern. Mit Heftigkeit rügte er die in den mittäglichen Provinzen aufs neue an den Patrioten verübten Morde, und schrie um Rache. Er forderte eine vorläufige Botschaft an das Direktorium, um von der vollziehenden Gewalt Rechenschaft über die Mittel zu hören, die sie zur zweckmäfsigen Stillung jener Unruhen genommen habe.

Lesage - Senault wollte nun einige, aus Toulon erhaltene schriftliche Nachrichten, über diesen Gegenstand verlesen; er spottete

über die Verzögerung der Berichtserstattung.
Die Minorität forderte die Verlesung der
Papiere. — Die Majorität widersetzte sich
derselben, und verwies die Dokumente an
das Direktorium.

Guillemord hatte das Wort. »Laſst uns,
sprach er, in dieser Angelegenheit den gesetzgebenden, von dem administrativen
Staatskörper unterscheiden. Alles was Thatsachen, alles was Personen betrifft, gehört
nicht zur Untersuchung einer Kommission
des erstern; es gehört dem Direktorium allein; von diesem fordert Bericht. Und wäre
es nöthig, die Gesetze für das südliche
Frankreich zu ändern — ich glaube es nicht,
denn die existierenden Gesetze sind der
ganzen Republik gegeben — dann erst beschäftige sich eine Kommission mit diesem
Gegenstande.«

Thibault. »Ja, das ist der Fragepunkt.
Unbegreiflich! Wie hat man eine Kommission ernennen können, um bei aufserordent-
lichen Vorfällen Thatsachen zu untersuchen?
Zur Aufrechthaltung der Ruhe in der Republik, müſst ihr die von der Regierung ge-
nommne Maſsregel mit Nachdruck unter-

stützen. Hütet euch aber, durch selbstgewählte Mittel, Leidenschaften zu wecken,
Hafs zu entzünden, Parteigeist aufzurufen.
Wollt ihr den Frieden im südlichen und im
ganzen Frankreich, so beschäftigt euch nicht
mehr mit Individuen: diese Sorge gehört
dem Direktorium allein.

Jourdan, Deputirter von der Rhonemün-
dung des mittäglichen Frankreichs, stürmisch
wie der Geist jenes südlichen Volks, widersetzte sich dem in *Thibault's* Äufserungen
stillschweigend liegenden Antrag der Aufhebung der Kommission, und forderte
mit Heftigkeit die Fortsetzung und Beschleunigung ihrer Arbeiten.

Treilhard hingegen, bezeugte sein Mis-
vergnügen über die Ernennung einer Kommission, in welcher er die alten revoluzio-
nären Ausschüsse erneuert sähe. — »Die
Konstituzion, — sagte er, den Hauptpunkt
dieser Erörterung treffend, — »die Konstituzion verbietet alle Arten von Mittheilungen einer besondern Kommission mit den
Administrazionen, so wie mit dem Direktorium. Nur mit den gesetzgebenden Versammlungen sind dem Direktorium solche

Mittheilungen durch Korrespondenz geboten. — Und ihr habt eurer Kommission
Anklagen zur Untersuchung übertragen!
Aber gesetzt nun, die Ankläger hätten sich
geirrt, oder euch irre leiten wollen, wer
sichert denn eure Kommission, wer sichert
euch selbst vor Ueberraschung, Irrthum und
Lügen? Und in diesem unglücklichen Fall,
an wen soll Frankreich sich halten? — An
euch, ihr, die ihr mit Hintansetzung der
Konstituzion, euch in das Gouvernement
eingedrängt habt! — Die Konstituzion will,
daſs ihr euch, um nöthige Nachrichten ein-
zuziehen, an das Direktorium wendet. Dieses ertheilt sie euch schriftlich, und seine
eigne Verantwortlichkeit beruhet hierauf.
Ihr aber feid verantwortlich, wegen der Berathschlagung über diese empfangne Nachrichten. — Ich fordre eine Botschaft an
das Direktorium, zur Abgabe seines Berich-
tes über den Zustand des südlichen Frankreichs, und über die Ursachen der dort
herrschenden Unruhen. Ich fordre ferner,
Aufhebung der Untersuchungskommission.

Hier erhob sich der gewaltige Sturm.

Ein Tumult entstand, und stieg plötzlich bis
zum allgemeinen Toben der Parteien. —
Von der einen Seite forderte man heftig den
Abschlus der Diskussion; — dort stürmten
eine Menge Mitglieder von ihren Sitzen gegen die Rednerbühne hin, um das Wort zu
fordern. *Isnard* drängte sich vor, man
wolte ihn nicht hören, und übertäubte seine
Worte mit Geschrei. Der gröste Theil der
Versammlung war aufgestanden, und debat-
tirte unter sich; — in den mittlern offnen
Platz des Saals drängten sich die Streiter
vor der Rednerbühne. — *Isnard*, durch
die Weigerung ihn zu hören, bis zur Wuth
gereizt, sprang von der Tribüne herab gegen
einen Deputirten, welcher ihm mit der Faust
drohete. Die Mitglieder drängten sich zwischen beide; ein starker Huissier trug den
drohenden Deputirten auf seinen Sitz zurück: bei diesem Anblick eines entstehenden
Faustkampfes stieg der Lärm aufs höchste.

Vergebens bemühete sich der Präsident
Doulcet, dessen Stimme und Anschlagen der
lauttönenden Glocke, in diesem Tumult
längst nicht mehr gehört ward, durch fle-
hende Stellungen und Zeichen, die Ruhe

herzustellen. — Er bedeckte sich nun, und
setzte sich nieder auf seinen Stuhl. Auch
dieses schnellwirkende Zeichen, der Trauer
über die Auflösung aller gesetzlichen Ordnung, der, der Gemeinsache drohenden Gefahr, und des Unvermögens des Präsidenten,
die Ruhe in der Versammlung zu erhalten,
blieb lange unwirksam. Nach und nach
sammelten die Repräsentanten sich wieder
auf ihren Sitzen, nahmen, so lange der Präsident bedeckt blieb, ihre Hüte ab, und die
Ruhe stellte sich wieder her: — aber nur
für einen Augenblick. *Jourdan* hatte sich
auf die Tribüne gedrängt, und schrie, indem er mit der Gebärde eines Rasenden
sich das Haar raufte: Ihr wollt also mein
unglückliches Vaterland dem verzehrenden
Bürgerkriege hingeben? — Er wüthete in
dem, bei diesen schrecklichen Worten entstehenden neuen und furchtbaren Tumulte,
der den Saal erschütterte, gegen alle, die
sich ihm naheten, und schlug gegen die
Repräsentanten *Souhait* und *Talot* an, die
ihm mit Vorwürfen entgegen kamen. »In
die Abtei mit ihm! rief bei diesem Anblicke
die ganze Versammlung. — Dieses Toben

Isnard's und *Jourdan's* entschied vollends,
daſs in dieser ganzen Sache Parteigeist und
Kabale im Spiel sei.

Unbeweglich und zum zweitenmal bedeckt, saſs der Präsident. Er litt mit allen
Besserdenkenden, bei dieser, einem engli-
schen Faustkampf ähnlichen Szene, die nun
schon über eine halbe Stunde gedauert
halte. — Als sie sich endigte, und die Deputirten wieder auf ihren Plätzen waren,
stand *Doulcet* — von Figur ein schöner
Mann — mit unbeschreiblichem Anstande,
und groſser Würde, die er bei seinem Vor-
sitze nie vergaſs, auf Die Blässe der Bestürzung, über das, was vorging, war über
seinem Gesichte verbreitet.

»Ich erinnre, sprach er, die Stellvertreter der Nazion, welche unsre Berathschlagung durch diesen abscheulichen Auftritt
unterbrachen, daſs sie ihre Leidenschaften
der groſsen Sache des Vaterlandes aufopfern,
und daſs kalte Vernunft und ernste Weisheit allein die Verhandlungen leiten müssen. — Ströme Bluts sind in Frankreich
unserer Zwietracht geflossen: will man denn
bei neuem Hader noch mehr vergieſsen?

Will man den erhabenen Sammelplatz der
Gesetzgeber in eine Fausikämpferbühne um-
wandeln? — Alle Theilnehmer dieses Tu-
mults rufe ich zur Ordnung, und bestimme
jetzt den Gesichtspunkt der Berathschlagung.
Hier ist eine Liste von Rednern. Diese fordern das Wort zu Erörterungen, jene zur
Anführung von Thatsachen. Aber die Versammlung hat den Abschluſs der Diskussion
gefordert. Ich werde den Rath darüber
konsultiren.

Dies geschah nun durch stimmendes
Aufstehen und Niedersitzen, und der Abschluſs der Diskussion erfolgte. — *Treilhard*
verlas mit *Bentabolle* die gemachten Vorschläge; — die des erstern wurden angenommen, und die Untersuchungskommission
ward, mit Verwerfung einiger von *Isnard*,
der sie unter jeder Gestalt so gern erhalten
wollte, vorgeschlagnen Modifikazionen, ganz
aufgehoben.

Diese häſsliche, mit Unwillen des bessern
Publikums, aber mit geheimer Schadenfreude
der Gegenpartei der jetzigen Verfassung,
aufgenommne Szene, war — und das sei
zur Ehre der gesetzgebenden Versammlung

gesagt — seit der neuen Konstituzion, die
einzige in ihrer Art.

Von ganz andrer Natur war der Vorfall
am 21sten *Prairial.* Hier stand ein Mann
auf, der durch seinen Ehrgeiz getrieben,
sich, wenn ers vermöchte, gern zu einem
Parteihaupte erhöbe, und begann eine Fehde
gegen die herrschende befsre Klasse der
Mitglieder der Regierung, um noch einen
Versuch zu machen, ob er Anhänger gewin-
nen könne. —

Tallien, der die ihm aufgebürdeten Be-
schuldigungen der öffentlichen Stimme, Beförderer der kannibalischen Mordszenen im
September 1792 gewesen zu sein, noch nicht
hat von sich abwälzen können, und mit un-
begreiflicher Langmuth von dem Volkssenate
geduldet wird, wagte es, sich wieder zu erheben; aber sein erklärter Feind, der edle
Thibaudeau, demüthigte ihn mit der siegenden Kraft der Weisheit und Beredsamkeit, —
wozu die Veranlassung diese war. — Das
Zentralbüreau der Pariser Polizei hatte
durch ein Versehen, mehrere Repräsentanten zitiren lassen, die durch diesen Eingriff
in ihre Rechte gekränkt, in der Sitzung des

21ften *Prairial*, nach der Reihe, um sich
darüber zu beklagen, im Rath aufstanden.
Dumolard schlug hierauf eine Botschaft an
das Direktorium vor, um dieses über die
strafende Maßregel zu vernehmen, die es
gegen seine, die Nazional - Repräsentazion
verkennenden und beleidigenden Agenten,
welche zeither mehrere Beweise einer Ge-
ringschätzung der Repräsentanten gegeben
hätten, genommen habe. — Hier forderte
Tallien das Wort. — Entstellt, blaß, (wahrscheinlich vom Rausche des vorigen Tages)
mit ungeordnetem Haar, nachläßig gekleidet, schlich er, mit gesenktem Kopf, und
der Miene eines Tieftrauernden, durch den
Saal nach der Rednerbühne, und spannte,
durch dieses Vorspiel, und durch langes
finstres Schweigen, die allgemeine Erwar-
tung, auf das, was er sagen würde. Es war
eine vorher studierte Szene. Er sprach, und
mit großer Stille hörte man seine drohende
Ankündigung: er wolle den Vorhang zer-
reißen und wichtige Wahrheiten enthüllen.
Er winselte nun über die täglichen Herab-
würdigungen der Nazional - Repräsentazion,
über die Verfolgung der wahren Patrioten

durch eine verlarvte royalistische Partei, über falsche Denunziazionen, Verunglimpfungen, Gerüchte. Er klagte, dafs die ächten Patrioten — täglich verkennt, täglich verfolgt würden, und dafs dieses alles nichts als Reakzion sei. . . . . Man hatte die leeren Töne ruhig angehört, bis *Tullien* mit diesem letzten Worte sich erkühnte, die Regierung selbst der Bürgerverfolgung anzuklagen. Ihn und die allgemeine Stille, unterbrach bei dem ausgesprochnen Worte R e a k - z i o n ein donnernder Lärm. Eine Menge Mitglieder standen auf; viele davon eilten zur Rednerbühne — *Thibaudeau* an ihrer Spitze. *Tullien* verlor bei seinem Anblick die Fassung. Er suchte in der Bestürzung nach Worten, und verbarg seine Verlegenheit, schlecht, hinter eigen Lob. Er sprach von seinen, durch den Sturz des Tyrannen *Robespierre* erworbenen Verdiensten, warf verächtliche Blicke auf seine starken Gegner und Ankläger, und verliefs dann die Tribüne.

Thibaudeau. »Der Würde des Rathes ist es allerdings angemessen, *Dumolard's* Vorschlag anzunehmen, nicht um einer vor-

ausgesetzten Absicht jener Verletzung der
Repräsentazion nachzuspüren, denn das ist
die Sache der Gerichte, sondern, in der
That, um das Benehmen des Direktoriums
gegen seine Agenten zu erfahren. — Ich
halte es aber auch für nöthig, von dieser
Tribüne eine Äu'serung zu widerlegen, womit man, weil sie dem Gegenstande dieser
Berathschlagung durchaus fremd ist, bei dem
aufrichtigen Verlangen, Ordnung und Ruhe
in seinem Innern zu erhalten, den Rath
hätte verschonen können. Man hat nämlich
von Reakzion gesprochen. — Ich bin bei
diesem Wort in der Ueberzeugung aufgestanden, daſs es allerdings eine Reakzion
giebt, wovon man auch einmal reden muſs,
wenn man sich zum ächten Gemeingeist be-
kennen, die Guten zur Vereinigung aufför-
dern, und die Bösewichte unterdrücken
will. — Auch ich will von einer Reakzion,
und einer offenkundigen reden. — Das
ist die Reakzion jener verabscheuungswür-
digen Fakzion, in deren Schooſs sich die
Verschwornen bildeten, die ihr jetzt,
nach erhaltnen klaren Beweisen ihres
schändlichen Plans, in Fesseln geworfen

habt o); der Fakzion, welche den zweiten
September hervorrief.« . . . . . .

Diese mit starkem Nachdruck ausgesprochnen Worte des Redners erschütterten sichtbar die Versammlung, und aller Blicke waren auf *Tullien* gerichtet, der in sich gekehrt, auf seinem Sitze mehr lag, als saſs.

»Es ist, fuhr *Thibaudeau* fort, die Reakzion jener Fakzion, welche den 31ſten Mai
herbeiführte, — die Nazional - Repräsentazion
ächtete, und den zehnten Mann der ganzen
Nazion zum Blutgerüst sandte, — Frankreich in Ketten schlug, und auf dem Leich-
namhaufen seiner besten Bürger, *Robespierre*
einen Thron errichtete; der Fakzion, welche
euch durch Drohungen und Geschrei zu
schreken sucht, um die groſsen Verbrecher,
die sie als ihre Häupter erkennt, zu retten.«

»Das ist, Bürger - Repräsentanten, die
Reakzion, auf welche ich euch aufmerksam
mache, und die jeder von euch kennt und
sieht. Ja, es ist traurig, auf die Verbrecher,
noch ehe es Zeit ist, hinweisen zu müssen,

o) Hier ist von Drouet's Verschwörung die Rede.

die das Schwert des Gesetzes unfehlbar tref-
fen wird; traurig ist es, den Augenblick ihrer Todesstrafe über sie herbei zu rufen.
Ungeheuer ist zwar ihre Schuld, — aber die
Menschlichkeit seufzt, selbst wenn ein Verbrecher fällt. «

»Nothwendig war es, die Ausdrücke zu
erläutern, die wir eben hörten; auch ist es
nöthig, die Lage der Sachen noch bestimm-
ter darzustellen. Am 13ten *Vendemiaire*
griff der Royalismus den Nazional-Konvent
an, belagerte ihn in seinem Sitzungssaale.
Dieser siegte durch seinen Muth, und durch
den Muth der ihn umgebenden Krieger.
Wer aber war es, der nach diesem Siege
die Vortheile desselben an sich reifsen, und
sie geniefsen wollte? Eben jene Fakzion,
von welcher ich rede. Der Konvent hatte
gesiegt, die Fakzion wollte herrschen, und
von ihr hat es nicht abgehangen, dafs die
revoluzionäre Regierung nicht verlängert wurde. Diesesmal ward ihr Bemühen vereitelt;
die gesetzgebende Versammlung folgte dem
Konvent. Nun umgab und belagerte sie die
Regierung aufs neue. Ehrenstellen, Ämter,
Bedienungen, Geld, Macht, alles ward an

ihr verschwendet; — sie würde in das Herz
der Republik den Dolch gesenkt haben, die
mit bitterm Schmerze diese Herrscher zum
zweitenmal, um sie zu zerstören, sich erheben sah. — Entlarvt ist sie jetzt im Innern
der gesetzgebenden Macht, diese Fakzion,
die es bewiesen hat, daſs keine Ordnung der
Dinge ihr gefällt; die nichts will als Anarchie, Unordnung, Raub und Verwüstung.
Sie ist noch immer dieselbe, und wird es
bleiben, bis ihre Häupter, die ihren Hoffnungen schmeicheln, das Schwert des Gesetzes
trifft. — Bei der Entdeckung der letzten Verschwörung habt ihr den Geist ihrer scheuſs-
lichen Vertilgungsplane gesehen. — Das, das
ist die wirkliche Reakzion, die man keinen
Augenblick aus den Augen verlieren darf. —
Als über euch die Verschwörer ihre Dolche
schwangen, war ich abwesend: aber wäre es
ihnen auch gelungen, die Regierung zu stürzen, und euch zu trennen, doch würde ihr
Triumph kurz, der Kreis ihrer Macht be-
schränkt gewesen sein. — Ich erkläre, daſs
bewafnet mit den Bürgern meines Departements, ich der, in der Republik dann ausge-
brochnen allgemeinen Bewegung, beigetreten

wäre; die Mitschuldigen waren bekannt; aus-
gerottet hätten sie, und das Proskripzions-
Szepter zerbrochen werden sollen in der
Faust der Urheber der Verschwörung. —
Nein! bei den erduldeten Leiden, bei den
beweinten Schlachtopfern schwöre ichs! nimmer, nimmer soll der Schrecken die Franzosen wieder beherrschen; — nein, der Unschuld sollen sich keine Bastillen wieder öffnen; — nein, auf den Blutgerüsten sollen
die abgeschlagenen Köpfe nicht mehr hin-
rollen! . . . .

»Nein, nein, nein!« rief hier, wie begei-
stert, die ganze Versammlung, indem sie sich
erhob.

»Unter den Franzosen giebt es auch nicht
einen, der nicht die Waffen ergriffe, wenn
das Signal zu diesem Kampf erschallte; denn,
wahrlich, nach so vielen Schrecknissen, wovon sie Zeugen, und ihrer so viel Opfer waren, ist es besser, selbst im Kampfe des Bürgers gegen den Bürger, zu fallen, als seinen
Kopf den Bütteln feige darzubieten.«

»Ja, ja!« rief man hier von allen Seiten.

»Ich verlange,« so endigte der edle,
kühne *Thibaudeau* seine Rede, in welcher

O

zugleich eine treffende Schilderung der Lage
Frankreichs gegen seine innern Feinde konzentrirt ist — »ich verlange die Annahme
von *Dumolard's* Vorschlag, und die Tagesordnung für das übrige. »

Ich fand den treflichen Redner dieses Tages, wenige Stunden nachher, in einer Gesellschaft, wo man ihn mit lautem Beifall empfing. Er aber genofs seines neuen Sieges
über die Fakzion, und des Dankes seiner
guten Mitbürger, mit anspruchloser Bescheidenheit und stillem Selbstgefühl.

Gesetzgebende Versammlung.

Rath der Alten.

———∞∞∞———

Den ernsten Karakter eines Staatszensors, in
seinem Verhältnisse zu dem Rathe der Fünfhundert, trägt der Rath der Alten schon
in seiner äußern Gestalt. Ruhe, Anstand
und Würde herrschen in den Sitzungen. Die
Mitglieder kommen und gehen ohne Geräusch, und unterreden sich, selbst vor Eröffnung der Sitzungen, nur leise. — Ihr Versammlungssaal, im Schloß der Tuillerien, ist
fürs Gehör vortheilhafter; das schallende Getöse der Thüren und des Gehens auf dem
Amphitheater, ist nicht so störend wie in
dem Saale der Fünfhundert. — Auch die
Mitglieder dieses Raths erscheinen nicht in
dem neuen Kostume, nach der proponirten
Form, sondern in gewöhnlicher bürgerlicher
Kleidung, einige mit der über die Schulter
herabhängenden Schärpe, andre ohne sie;
doch darf keiner die Rednerbühne ohne
Schärpe besteigen. — Die Sitzungen fangen
um zwei Uhr an, und sind, wenn nicht ein

aufserordentlicher Bericht über ein Dekret
des Raths der Fünfhundert zu erstatten ist,
gewöhnlich nur kurz. — Die dann und
wann vorfallenden Debatten werden mit
Ordnung, Ruhe und Mäfsigung geführt. Viele
edle Männer und verdienstvolle Gelehrte
zählt der Rath unter seinen Mitgliedern;
und bei Diskussionen von Wichtigkeit hörte
ich hier trefliche Reden.

Der Versammlungssaal des Raths ist der
des vorigen Konvents; ein langes Viereck,
durch ein flachliegendes grofses Deckenfen-
ster, von oben herab erleuchtet. Der etwa
zwölf Stufen erhöhte Präsidentensitz, mit
dem Büreau der Sekretaire zur Seite, und
vor diesem die Rednerbühne, sind an der
langen Wandseite. Hinter dem Präsidenten
ist eine Nische mit Ausgängen in der Wand
vertieft; über ihm hängen die Fahnen der,
mit der Republik verbündeten Mächte. Die
Sitze der Deputirten, ein Amphitheater von
sechs Abstufungen, nehmen die Länge des
Saals im Halbzirkel ein, und lassen vor der
Rednerbühne nur einen mäfsigen Raum offen. — In der Wand, neben der Tribüne,
sind die beiden Logographenlogen, und über

diesen, und an der entgegengesetzten langen
Seite, die Logen der fremden Gesandten.
Die Gallerien für die Zuschauer sind oben
an den beiden schmalen Seiten des Saals.
Man hat die Wände *al fresco*, wie *giallo
antico*, marmorirt, und mit Figuren von griechischen und römischen Gesetzgebern, Rednern und Philosophen, republikanischen Fas-
ces, und mit Trophäen, in Bronzefarbe, be-
mahlt. Diese Wandmahlereien machen eine,
für das Auge unvortheilhafte Wirkung, und
die kolossal grofsen, auf Konsolen flach und
roh gemahlten, wie schwebend erscheinenden Statüen, sind wahre Karikaturen, die
allenfalls in dem monströsen Wohnsitze der
Fürsten von Patagonia, nicht aber in diesem
Versammlungssaal eines ehrwürdigen Volks-
senats, an ihrem Orte sind.

. Die feierliche Stille und Würde der Sitzungen des Raths der Alten in diesem Saal kontrastirt auffallend mit den Erinnerungen an
jene tumultuarische Auftritte, die in eben diesem Saale vordem an der Tagesordnung waren, und an jene aufrührischen Volkszüge
und scheufslichen Mordszenen, die hier einst
vorfielen. Hier ist die Stelle, wo am 11ten

Prairial, (20ten Mai 1795) des ermordeten
Repräsentanten *Ferraud's* Blut den Rednerstuhl besprützte, und sein abgeschlagenes
Haupt dem Präsidenten *Boissy*, zwischen
Piken und gezuckten Schwertern, vorgehal-
ten wurde: dort der Sitz, wo *Robespierre*
zwischen seinen Mitschuldigen in krampfhaf-
ten Zuckungen safs, und dem gegen ihn gerichteten Sturme die freche Stirne bot, dem
Arrestbefehl trotzte, und keiner es wagte, ihn
anzugreifen. Als eine Sehenswürdigkeit,
zeigte man mir den breitschultrigten *Huissier,* der sich endlich näherte, und ihm im
Namen des Gesetzes gebot, den Saal zu verlassen.

Wird es die Nachwelt glauben, dafs es
dahin gekommen war, und Ein Mensch sich
mit so furchtbarer Kraft waffnen konnte,
dafs eine ganze Nazion vor ihm zitterte?
Wird sie es glauben, dafs die Feigheit Tausende so sklavisch fesselte, dafs sie diesen
Menschen da noch fürchteten, als er, ge-
lähmt und blutend, schon mit dem Tode
rang? — Hier ist ein, wenig bekannt ge-
wordener, schauderhafter Zug aus jener unglücklichen Periode, und aus den letzten Le-

bensstunden des Diktators. — Arm in Arm
mit seinen Verbündeten, hatte *Robespierre*
den Konventssaal verlassen, und Mittel gefunden, aus dem ihm bestimmten Gefängnifs
in Luxemburg, wieder zu entkommen. Er
war nach dem Gemeindehause gegangen,
und sprach hier, an der Spitze der Pariser
Munizipalität, die Acht gegen den Konvent
aus. Die heranrückende Bürgerarmee umgab
das Gemeindehaus, drang ein, — und *Robespierre*, der in einem der Säle gefunden
ward, fiel durch einen Schufs, der ihm den
Kinnbacken zerschmetterte. — In seinem
Blute schwimmend, lag er, ohne Zeichen des
Lebens, auf der Erde, und eine unübersehliche Menge drängte sich um ihn her, unge-
wifs, ob er todt, oder nur in einer tiefen
Ohnmacht sei. — Plötzlich aus der Betäu-
bung erwachend, schlug er mit einer raschen Bewegung des aufgehobenen Arms um
sich; — — und in demselben Moment trenn-
te sich der um ihn dicht gedrängte Haufen,
wich von allen Seiten bebend zurück, —
denn der gefürchtete Tiger athmete noch; —
und *Robespierre* lag nun in einem weiten
leeren Raume des Saals lange allein, bis eini-

Gensd'armes, vom ersten panischen Schrecken
erholt, sich ihm näherten, ihn aufhoben und
forttrugen. p)

---

p) An dem Wesentlichen und sehr Karakteristischen
dieser mir von einem philosophischen gegenwärtigen Beobachter jener Schreckenzeit in Frankreich,
mitgetheilten Anekdote, habe ich durchaus keinen
Zweifel; nur traue ich meinem Gedächtnisse nicht
genug, um, wenn ich sie mit den übrigen Bege-
benheiten des 9ten Thermidor vergleiche, nicht mir
selbst den Zweifel zu machen, eine Ortverwechs-
lung darin begangen, und hierin meinen Freund
vielleicht misverstanden zu haben. So wie ich
glaube, die Erzählung empfangen zu haben,
theile ich sie hier wieder mit. Aber der Vorfall
könnte, nach jener Vergleichung, vielleicht in dem
Saale des Sicherheitausschusses statt gehabt haben, wohin der schwer verwundete Robespierre gebracht, und ausgestreckt auf einen Tisch
gelegt ward. Hier lag er mehrere Stunden besin-
nungslos, von einer ihm fluchenden Menge umgeben; — und hier war es vielleicht, wo eben diese
feige Menge, noch vor der zuckenden Klaue des
sterbenden Tigers, zurückbebte. — Das ist zwar
nur ein Nebenumstand in dieser Erzählung, den
ich doch aber nicht habe unbemerkt lassen wollen.

Vollziehungs - Direktorium.

———

Dem **Vollziehungs-Direktorium** der
Republik ist von der Nazion eine Gewalt
verliehen, wie, in diesem Umfange, der konstituzionelle König von Frankreich sie nicht
hatte. Dafs diese Gewalt der Pentarchen
von ihnen nicht gemifsbraucht werde, darüber wachen die Gesetzgeber; wegen über-
eilter Schritte in ihrer Verwaltung sind sie,
wie ein König, keinem verantwortlich.
Bestimmten die in **diesen Fünf-Männern** geschehene Wahlen, allein, und nicht
so viele andre noch unerfüllte Bedingungen,
das Wohl und die Dauer der französischen
Republik, — dann wäre dieser Wahltag für
Frankreich von guter Vorbedeutung gewesen. — Wenn man das Ganze und Einzelne
der innern und äufsern Lage der neuen republikanischen Regierung kennt, ruhig über-
sieht, und das Direktorium darnach billig
beurtheilen will; so wird man, in seinen öffentlichen Verhandlungen, in seiner Thätigkeit, Wachsamkeit und Strenge, und in der

Wahl der Minister und Generale, Beweise
seiner Staatsklugheit, Weisheit und Kraft finden, womit es das ihm anvertraute wichtigste
Amt der Republik verwaltet, und der persönliche Umgang mit diesen Fünf-Männern
flöfst auch für ihren Privatkarakter Achtung
ein.

Die Konstituzion gab diesen ersten Staatsbeamten der Republik, einen, ihrer Würde
angemefsnen Glanz, und sorgte dafür, dafs
sie mit ihren Familien gemächlich, ohne
Überflufs, bequem, ohne verschwenderischen
Aufwand, leben können. — Ihre gemeinschaftliche Wohnung ist der Nazional-Pallast des Direktoriums, — *Palais national du
Directoire exécutif*, — vormals der Pallast
Luxemburg. Er wird jetzt ansehnlich ver-
gröfsert und verschönert. Besonders erwartet man eine neue, in der Gartenkunst einzige Anlage, von der künftigen Einrichtung
eines Theils des Gartens, der an das phi-
losophisch-stille treffliche Gehölze gränzt,
wovon, um jene neue Anlage zu machen,
ein Theil, jedoch nicht der gröfste, umge-
hauen ist. Der ehrwürdige Naturforscher
Daubenton hat den Plan zu dieser neuen

Anlage entworfen. Die Pflanzungen werden
nach den Erzeugnissen und dem Verhältnisse
der vier Jahrszeiten eingerichtet; für eine jede
wird ein abgesondertes Terrain disponirt,
und das Ganze wird, ohne Verkünstelung,
dem Gange der Natur, in ihren einfachen
und schönen Operazionen folgen.

Die Direktoren bewohnen mit ihren Familien einzelne Flügel und Stockwerke des
Pallastes, und haben ihre privat- und gemeinschaftliche Büreau's, Rathszimmer, öffentliche
und privat Audienzsäle. — Eine konstituzionelle Ehrenwache von zweihundert und
vierzig Mann zu Fuß und zu Pferde, be-
wacht den Pallast, und bewohnt nahe gele-
gene Kasernen. Die Fußgarde besteht aus
gewählt großen und schönen Leuten; die
Garde zu Pferde war damals, wegen des
Pferdemangels, schlecht beritten. Die großen und breiten Pferdeschwänze der Gardis-
ten, die von dem Kasket herab, die Schul-
tern fast ganz bedecken, und über den
halben Rücken herabhangen, machten einen
widrigen Eindruck fürs Auge, und enstellten
den Wuchs des Mannes. Vor dem Eingange
zum Pallast und zu den Audienzsälen, sind

starke Wachen, und an festlichen Tagen paradiren die Garden mit vielem Glanze. Sie
umgeben das Direktorium bei seiner feierlichen öffentlichen Erscheinung, und zwei
Mann begleiten jeden Direktor, wenn er aus-
geht oder ausfährt.

Bei öffentlichen Funkzionen sind die Direktoren in ihrem neuen Kostume, an feierlichen Tagen in der prächtigen Staatstracht
gekleidet. Dieses Direktorial - Kostume ist
gut gewählt, reich, und von einem schönen
Manne, wie *Barras* ist, getragen, wohlklei-
dend. Die von *Garnery* gezeichneten, und
von *Alix* gestochenen Staatskleidungen, stellen sie, in den, auf geglättetes Papier abge-
zogenen, und gut illuminirten Abdrücken, am
richtigsten dar; doch stechen auch in diesen
kleinen illuminirten Figuren die Farben der
Kleidung, die Stickereien und übrigen Dekorazionen zu grell mit einander ab, und geben keine ganz vortheilhafte Vorstellung von
dem Kostume, welches an sich selbst schön
und grofs ist. — Der sinnliche Eindruck
ward bei der Wahl einer glänzenden, von
unsrer gewöhnlichen Kleidung sehr verschiedenen Tracht, richtig für das Volk be-

rechnet, das in Frankreich, so wie allenthalben, so sehr an der äußern Form der Dinge haftet, seine vorigen Regenten und ihre Gewalthaber bei Feierlichkeiten in schimmerndem Gewande, Ordenstrachten u. dgl., zu sehen gewöhnt war, und sich auch jetzt wieder an dem Anblicke des Glanzes der Direktoren-Toga weidet.

Das Privatleben der Direktoren ist republikanisch, einfach, und sehr eingezogen. Die große Last von Staatsgeschäften läßt ihnen wenige Erholungsstunden. Ihr ganzer Tag ist eine ununterbrochene Arbeitsstunde, und wenn sie nach Endigung ihrer Arbeiten, am Abend, einen gewählten Zirkel von Freunden und Fremden um sich sehen, so geschieht das in ihren Wohnzimmern, ohne Prunk oder höfische Förmlichkeiten. So haben *Rewbell* und *Barras*, jeden Abend um acht Uhr, in ihrem Wohnzimmer Theegesellschaften, in welchen bis gegen eilf Uhr ein kleines Kommerzspiel gespielt wird; und sie heißen in diesen, der angenehmen und zwanglosen Unterhaltung gewidmeten Stunden, jeden ihrer Freunde, so wie die bei ihnen eingeführten Fremden, willkommen. — Die von den Direktoren nur sehr selten gegebnen Mittagessen, — wenn man diese Malzeit welche jetzt in Paris erst um sechs Uhr Abends gehalten wird, so nennen will, — sind einfach, stechen von den insolenten neugebacknen Pariser Banquiers, Kapitalisten und Lieferanten, merkwürdig genug ab, und bestehen in zwei sehr mäfsig besetzten Gängen, und einer nicht zahlreichen Gesellschaft; ohne jenen Ueberflufs von fremden Weinen, die an den Tafeln jener übermüthigen Staatsplünderer fluthen. Auch ist es unter den Direktoren *Barras* allein, welcher zuweilen kleine Feste in seinem Landhause, oder Gastmale in der Stadt giebt, bei welchen er den hospitalen und unterhaltenden Wirth macht, und auch Fremde dazu ladet.

Wer mit dem einen oder dem andern Direktor persönlich bekannt ist, erhält von ihm eine kleine zierliche Karte, mit dem röthlich abgedruckten Bilde der französischen Republik, und der Überschrift: *Directoire executif*, und auf der Kehrseite mit den gedruckten Worten: *laissez passer le Ct.* . . . . Der Name des Empfängers der Karte, wird von dem Direktor, der sie giebt, eigenhän-

dig ausgefüllt, und mit seinem eignen
unterschrieben. Diese Karte öffnet den
Weg durch alle Wachen, nicht allein zu
dem unterschriebenen Direktor, sondern auch
zu jeder, im Nazional-Pallast vorfallenden
Feierlichkeit, und überhaupt zu allen ähnlichen Festen in Paris. Allenthalben ehren
die Wachen die kleine rothe Karte, und verschaffen dem Vorzeiger den Eingang. Ich
hatte bei einer dieser Gelegenheiten, wo das
Gedränge vor dem Audienzzimmer groſs war,
lange gewartet, und war selbst noch weit
von der innern Wache vor dem vollen Audienzsaal entfernt, bis ich so glücklich war,
daſs das Auge eines Soldaten auf mich fiel.
Nun hob ich die kleine Direktorial-Karte in
die Höhe, — und in eben dem Augenblicke
verschafte mir die Wache den freien Durch-
gang.

Die Feierlichkeiten in dem Nazional-Pallast des Direktoriums, sind öffentliche Audienzen. Sie werden mit der, einem groſsen
Freistaat angemeſsnen Würde, und mit Glanz
gehalten. Die täglichen Audienzen sind ein-
fach-schön, und mit Geschmacke dekorirt.
Seine glänzenden, und zugleich ehrenvollen

Ornamente, sind Trophäen der republikanischen Heere, hie und da an der Wand unter der Saaldecke gruppirt, angeheftete Bün-
del von eroberten Fahnen.

Alle Mittag zwölf Uhr wird dieser Audienzsaal geöffnet, und jeder eingelassen,
nachdem man am Eingange der Wache seine
Bürgerkarte vorgezeigt, und seinen Stock im
Gardezimmer zurückgelassen hat. Die Direk-
torial-Huissiers in ihrem etwas Skapinartigen
Kostume, ordnen den Saal. Die Zuschauer
sind immer zahlreich, und auf den Stühlen,
an den Wänden, so wie auf einer im Halbzirkel gestellten Reihe von Sesseln, sieht man
viele elegante Damen. Der Mittelplatz bleibt
frei: blofs die Garde- und andre Offiziere
versammeln sich hier, den Eintritt des Au-
dienzgebenden Direktors erwartend. — Eine
anständige Stille herrscht unter den Zuschauern. Aus dem einen Rathssaale, tritt
halb ein Uhr der Direktor, welcher in der
Dekade die Audienz giebt, und wöchentlich
wechselt, in der gewöhnlichen Staatskleidung
heraus, und die Huissiers rufen: die Audienz
sei offen. Ohne Unterschied des Alters und
Geschlechts, tritt jeder, der dem Direktorium

etwas mitzutheilen, Anträge, und sonst schriftliche Vorstellungen zu übergeben hat, oder
den Direktor selbst sprechen will, hervor.
Dieser spricht mit jedem leise, nachdem er
das Memorial durchgesehen hat; verweiset
an ein Büreau, oder giebt mündliche oder
schriftliche Resoluzion, auf schon Tages vorher empfangne Anträge, zurück. Wann dann
der Huissier noch einigemal angerufen hat,
und sich niemand nähert, geht der Direktor
in die innern Zimmer zurück. — Das
Ganze dieser täglichen Audienzen hat das
Ansehn einfacher Würde und republikanischer Zwanglosigkeit.

Ihrem Zweck angemessen, sind die mo-
natlichen großen Audienzen glänzender. Die
Garden paradiren mit anderm Militair in dem,
mit den Staatsequipagen der fremden Gesandten angefüllten Hofe des Pallastes, und
formiren, von dem Hauptthore bis zum Pallast, die prächtige Treppe hinan, bis in den
Audienzsaal, doppelte Linien, von welchen
die ankommenden fremden Gesandten mit
militairischen Honneurs begrüßt werden.
Die Gesandten erscheinen hier, wie vordem
an den glänzendsten Hoftagen, in vollem

P

Staat, und mit allen ihren Orden dekorirt.
Die Direktoren tragen dann, je nachdem es
die angesetzten Feierlichkeiten erfordern, entweder ihre grofse Staatskleidung, oder das
gewöhnliche Direktorial - Kostume. Oft werden diese Audienzen in dem Rathssaale des
Direktoriums gegeben; und für die in dem
anstofsenden grofsen Audienzsaale zurückblei-
benden Zuschauer, blofs die Flügelthüren geöffnet. Das war, bei der ersten Audienz
des Sardinischen Gesandten der Fall, welcher bei der Uebergabe seines Beglaubigungs-
Schreibens, nach dem letzten Artikel des Sardinischen Friedenstraktats, die, für seinen
König eben nicht schmeichelhafte Erklärung, wegen der, in seinen Staaten, den französischen Abgeordneten, *Maret* und *Semon-
ville*, widerfahrnen strengen Behandlung, zu
machen hatte. — Aus schonender Rücksicht
nahm das Direktorium diese in dem innern
Rathssaale, blofs in Gegenwart der fremden
Gesandten, der republikanischen Minister
und des Generalstabes an. Es kam hiervon
nichts ins Publikum, und die in grofser Menge im Audienzsaale versammelten Zuschauer
würden auch bei wenigerm Geräusch in die-

sen Sälen nichts von der Rede des Gesandten verstanden haben, weil er sie mit gedämpfter Stimme hielt, ohne von einem:
parlez plus haut, monsieur l'ambassadeur! r)
wie in einem ännlichen Falle der stolze Ludwig XIV einst einem holländischen Abgeordneten zurief, unterbrochen zu werden.

Ohne die Vorsicht, Billigkeit und Delika-
tesse, die man bei persönlicher und öffentlicher Beurtheilung, jedem Menschen, wer es
auch sei, schuldig ist, und ohne andre pri-
vat-Rücksichten zu beleidigen, sei es mir erlaubt, hier einige bezeichnende Züge des öffentlichen und privat-Karakters dieser Fünf-
Männer, auf welche der Blick von Europa
jetzt gerichtet ist, und über die man, ohne
sie selbst zu kennen, so verschieden ab-
spricht, mit Wahrheit und Unparteilichkeit
darzustellen. Ich hatte — um einen Augenblick von mir zu reden, — mannigfaltige
Gelegenheit, die meisten dieser Männer in
der Nähe, und sie handeln zu sehen; ich
vernahm das nicht einseitige Urtheil Unpar-

---

r) Lauter gesprochen, Herr Gesandter.

theiischer über sie; ich stand mit unbefangnen scharfsichtigen Männern, die auch hierin
Wahrheit sagen konnten und wollten, in
Verbindung; — und diese Stimme gilt mir
für die Stimme des bessern und gerechten
französischen Publikums, dessen Urtheil nicht
von privat- oder andern persönlichen Rücksichten, so, oder anders gestimmt und gelei-
tet wird. Der Wiederhall dieser Stimmung,
und das Resultat meiner eignen Erfahrungen, ist diese anspruchlose Karakterschilde-
rung der fünf Direktoren, in der Ordnung,
wie sie im Direktorium den Vorsitz haben.

   Rewbell war schon vor der Revoluzion
als Parlementsadvokat zu Kolmar, durch seine Thätigkeit, Gerechtigkeitsliebe, Uneigennützigkeit und Beredsamkeit geschätzt, und
besonders den bedrückenden Gutsherrn im
Elsaſs, durch seine oft übernommene kraftvolle Vertheidigung ihrer Unterthanen, furchtbar. Er ist während der Revoluzion, als
Staatsmann, in der konstituirenden Versammlung, im Konvent, als Deputirter, in Mainz,
während der Belagerung von 1793, und auf
andern Missionen, diesem Karakter treu geblieben. — Ich war nur wenig Tage nach

der Übergabe von Mainz dort, und hörte im
ersten Ausbruche der empörten Leidenschaft
vieler Bürger, welche unter dem despotischen
Drucke des revoluzionairen *comité de sur-
veillance* unmittelbar gelitten, und alles verloren hatten, ein schonendes Urtheil über
den Deputirten *Rewbell*, da eben diese Leute über seinen Mitdeputirten, den ungestüm
wilden und harten *Merlin* von *Thionville*,
aus Einem Munde, die bittersten Vorwürfe
ausstiefsen. Der ruhige fremde Zuhörer
konnte in diesen heftigen Äufserungen der
Mainzer, Wahrheit von Übertreibung nicht
unterscheiden; und *Merlin* fand, wegen seines in der Vertheidigung von Mainz bewiesenen Muthes, damals in Paris mehr Bewun-
derer als Tadler seines übrigen Betragens.
Bei der seitdem aber so veränderten Stimmung des Ganzen, und bei *Merlin's* aus-
schweifender Lebensart, denken auch selbst
seine vormaligen Vertheidiger, jetzt ganz anders über ihn. — *Rewbell's* Karakter hingegen blieb auch damals, wenn man anders
mit einiger Billigkeit die Lage von Mainz
übersah, ungekränkt, und seine, am 17ten
August 1793, im Konvent gehaltene Ver-

theidigung gegen einige unbedeutende Vorwürfe, die ihm in Ansehung seines Dienstes,
als Kommissair in Mainz, gemacht wurden, trägt
den Stempel der Aufrichtigkeit und Wahrheit.

In der konstituirenden Versammlung, wo
ein mittelmäßiges Talent gar nicht beachtet
ward, ward *Rewbell* nicht übersehen; er erwarb sich die Achtung der ersten Köpfe.
Während der gesetzgebenden Versammlung,
machte er sich in seinem Departement durch
Thätigkeit verdient. Er deckte, als Mitglied
des Konvents, sein Vaterland gegen die
Zerstörungswuth der Anarchisten. Nach *Robespierre's* Fall war er einer der ersten, der
die Jakobinerrotte angriff, und der erste, der
für die Zerstörung ihrer Sitzungen votirte.
Das ist der kühne Streich, darum ihn die
Anarchisten hassen, und jeder gute Franzose
lieben muß. Sein karakteristischer Zug, auch
als Direktor, ist eine feste Beharrlichkeit in
seiner Meinung über eine Sache, wenn er
sie nach seiner Einsicht und nach seinem
geraden Sinn, einmal gefaßt hat. Man wirft
ihm hierin starren Eigensinn vor; man sagt,
diese Meinung und Entscheidung sei nicht
immer genug motivirt, beruhe nicht immer

auf richtigem Blicke, hinreichender Sachkennt-
nifs, und grofser Übersicht des Ganzen. Ich
vermag nicht die einzelnen Fälle zu richten,
weswegen man ihn mit diesem Vorwurfe be-
lastet; aber wer dagegen mit Gerechtigkeit
die drückende Last, den unübersehlichen
Umfang des Geschäftes, seines Staatsamtes
erwägt, und mit Billigkeit die Schwierigkeiten der persönlichen Lage eines Mannes betrachtet, der mit strenger Gewissenhaftigkeit
und unbestechlicher Uneigennützigkeit, das
Fach der auswärtigen Angelegenheiten und
der Finanzen der französischen Republik verwaltet, und dessen felsenfester Grundsatz es
ist, der Würde des Staates nichts zu verge-
ben; — wer auf den Umfang und die mifs-
liche Bewandnifs einer solchen Lage, einen
ruhigen und unbefangnen Blick wirft, der
wird nicht einzelne Fälle, sondern das Ganze
zum Mafsstab seines Urtheils über diesen
Mann nehmen. — *Rewbell* folgt in seinen
männlichen, wohl zuweilen etwas derben
Entscheidungen, seiner Überzeugung, ohne
diese aus einem anscheinend mürrischen Ei-
gensinne dann noch beizubehalten, wenn
durch veränderte Lage der Sache, und durch

eine Wendung, welche ihm ihre andre Seite
zeigt, bei ihm eine, von seiner vorgefaſsten
Meinung verschiedene Ueberzeugung erwacht.
Er verachtet Parteigeist, und haſst die Kabale; das hat er in den stürmichsten Epoken
bewiesen. Er ist selbtsständig, und duldet,
fast argwöhnisch, keinen fremden Einfluſs
auf sich; aber er verschmähet die Meinung
von Männern, deren Einſichten er schätzt,
selbst dann nicht, wenn sie persönliche ernste und offne Erinnerungen für ihn selbst
enthalten. Diese beleidigen ihn nicht, wenn
gleich die ihm eigne finstre und kalte Miene,
den, der ihn nicht genau kennt, zurück-
stöſst. — Ein Zug seines Karakters, den man
groſs nennen muſs, ist die Vergessenheit persönlicher Zwistigkeiten, und selbst Kränkun-
gen von Männern, die er sonst achtet. Davon ist die folgende Thatsache ein redender
Beweis. Einen biedren Mann, mit dem er in
Mainz wegen Verschiedenheit von Meinungen, mehrere heftige Wortwechsel gehabt hatte, und von ihm nicht mit Schonung behandelt
worden war, hatte er seit jener Zeit nicht
wieder gesehen. Wie er zum Direktor erwählt ward, und den Aufenthalt eben dieses

Mannes in Paris erfahren hatte, liefs er ihn
zu sich rufen. Befremdet über die Einla-
dung, ging dieser zu *Rewbell*, von welchem
er keine freundschaftliche Aufnahme erwartete. — Ohne auch nur entfernt der Vergangenheit zu erwähnen, reichte ihm *Rewbell* die Hand, und bot seinem neuen Freunde, den er als einen talentvollen Arbeiter
kannte, eine Stelle in dem Büreau eines Ministers an. Dieser trat in die Stelle ein, und
ohne andre Gunstbezengungen von dem Direktor zu erhalten und zu erwarten, besucht
er ihn seit der Zeit mit Freundes-Offenheit
und Zutrauen. — Dieser schöne und edel-
müthige Karakterzug *Rewbell's* kann nach
meiner persönlichen Ueberzeugung, durch
seine Trennung von *Sieyas*, die, wie man
sagt, fortdauert, nicht verdunkelt werden.
Sie waren beide Deputirte bei dem Abschlusse
des Traktates in Holland, und man kennt
die Ursachen dieses, vielleicht einseitig erhabenen, und einseitig unterhaltenen Zwistes,
zu wenig, um daraus, gegen den sonst unzweideutigen und offnen Karakter *Rewbell's*
einen Schluß zu ziehen. — Als Privatmann
zeigt *Rewbell* Ordnungsliebe, Mäfsigkeit,

Treue in der Freundschaft, und alle gute
Eigenschaften eines Hausvaters. Er hatte,
eine Strecke von Paris, ein kleines Landhaus,
wohin er fast alle Abend, nach geendigten
Geschäften, ging, und am Frühmorgen von
dort zur Arbeit zurückkehrte. — Ein etwas
rauhes, mit der feinern französischen Erziehung grell abstechendes Äußere des Mannes,
und die abschreckend frostige Einsilbigkeit
bei der ersten Bekanntschaft, verschwindet
bei mehr Annäherung; er gewinnt dabei, wie
jeder nicht gewöhnliche Mensch, und man
erkennt in ihm dann den geraden und den
redlichen Mann.

Letourneur aus Granville, im Departement
de la Manche, der Sohn eines Offiziers bey
der Marine, machte sich in allen seinen bisher geführten Verwaltungen, als ein Mann
von Kopf, Kenntnissen, strenger Mannszucht,
Klugheit und Muth, schätzbar. Er liebt die
Wissenchaften, und kultivirt sie auch außer
seinem Lieblingsfache, der Mathematik, Tak-
tik und dem Marinewesen. Bei der gesetzgebenden Versammlung ward er zum Deputirten von Cherbourg erwählt, wo er sich als
ein kluger Geschäftsführer beliebt gemacht

hatte; und beim Konvente ward er Präsident
des Ausschusses der Marine, Leiter der Angelegenheiten des Lagers bei Paris, Abgeord-
neter bei den, gegen Spanien kämpfenden
Armeen, und nach *Robespierre*'s Fall, in dieser Wiederauflebungs- Epoke der Bessern,
einer der thätigsten Männer in den Regie-
rungsgeschäften. — *Letourneur* ist ein Feind
der Intrigue und der ausschweifenden Ambi-
zion. Er liebt eine spartanisch strenge Sit-
lichkeit. Etwas argwöhnisch gegen noch
nicht geprüfte Menschen, ist er zurückhal-
tend, und nicht immer mittheilend, bei einem sonst lebhaften Karakter; — seine nä-
hern Freunde rühmen seine geselligen Tugenden. — Als Direktor hat er das Fach
der Marine. Man schreibt ihm hierin gute
Kenntnisse zu: aber der Plan zu der letzten
Winterexpedizion der Brester Flotte, darf
in der That nicht als ein Beweis seines Genies angeführt werden. — —

Carnot's glänzende Verdienste sind durch
die französische Kriegsgeschichte der drei
letzten Jahre entschieden, und sie werden
ihm von keiner Partei streitig gemacht. —
Wenn die Historiographen, welche, wie *Po-*

lybius in *Scipio's* Heere, bei allen republikanischen Armeen dem Befehlshaber mit einem
Schlachtenmahler und Planzeichner zur Seite
sind, einst ihre gesammelten Beobachtungen,
wahr und gerecht, in einer grofsen historí-
schen Darstellung dieses merkwürdigsten —
und blutigsten aller Kriege, vereint, der
Nachwelt übergeben werden; dann wird der
Name *Carnot's*, der die Plane der Feldzüge,
und besonders des so denkwürdigen Heeres-
zugs vom Jahr 1794 vorzeichnete, einen hohen Rang in dieser Darstellung erhalten. —
Er ward in einem kleinen Dorfe Nolay, im
Departement *Côte d'or*, von unbegüterten
Eltern gebohren. Ein eifriges Studium der
Mathematik und Ingenieurkunst erhob ihn
zu einem ausgezeichneten Ingenieuroffizier.

Carnot ist einer der stärksten Arbeiter
im Direktorium; und nur ununterbrochene
Thätigkeit ist seine Freude und sein Ge-
nufs, dem der Schlaf nur wenig Stunden ent-
zieht. Selbständig führt er allein die Korrespondenz mit den republikanischen Generalen, über die ihnen vorgelegten Plane und
deren Ausführung. Mit tiefen Einsichten in
alle Theile der Kriegeskunst, verbindet er

eine genaue Kenntnifs der Länder, und die
Vortheile des Lokale, wo die Heere agiren.
Aus genauen Berichten, die er sich aus zu-
verlässigen, den Generalen selbst nicht immer bekannten Quellen, über das Detail der
Operazionen der Armeen verschafft, kennt er
die Fähigkeit der sich auszeichnenden Soldaten und Offiziere, — und die Republik
dankt diesem durchschauenden Blicke des
Kriegsdirektors so viele talentvolle Heer-
führer, die schnell bis zu diesem Rang hin-
anrückten, und ihre Namen berühmt machten. — *Carnot* war im Direktorium derje-
nige, welcher sich entschieden gegen die pro-
jektirte Ausdehnung der Grenzen Frankreichs
bis an den Rhein, erklärte: und er stützte
seine Entscheidung, als Ingenieur, auf den
Beweis, dafs durch diese Grenzerweiterung
der Republik, die Defensionslinie um vierzig
französische Meilen verlängert werden würde.
Damals aber fand er starken Widerspruch
im Direktorium, besonders bei *Rewbell*, welcher aus andern Gründen, jene Bedingung,
mit der ihm eignen Beharrlichkeit, gegen
diesen starken Gegner behauptete. —

Die immer rege, an dem hervorragenden

Verdienste nagende Tadelsucht, welche jeden
Flecken eines sonst grofsen Mannes mit ihren
Falkenblick entdekt, um ihn zu vergröfsern,
und jenen ganz damit zu verdünkeln, macht
es dem Direktor *Carnot* zum unauslöschli-
chen Vorwurfe, dafs er einst als Konvents-
deputirter, Mitglied des von *Robespierre* gestifteten Wohlfartsausschusses war. — Wer
Carnot hierin tadelsfrei finden wollte, müfste
der Geschichte jener Zeit Schweigen gebie-
ten, und seinen Namen unter mehreren der
von *Robespierre* ausgesprochnen unzähligen
Bluturtheilen, vertilgen, oder ihn einseitig
damit entschuldigen können, dafs es unmöglich war, die grofse Menge der täglichen
Expedizionen dieses allein regierenden Ausschusses, die in einem kurzen Zeitraum un-
terzeichnet werden mufsten, vor der Unter-
schrift alle durchzulesen; welches denn von
Robespierre zum Unterschieben seiner Blut-
sentenzen benutzt ward. — Als Mitglied
des Ausschusses fand *Carnot* ein weites Feld
für sein Talent, denn er dirigirte auch da
das Kriegswesen, (und eben damals war der
Feldzug von 1794 sein grofses vorbereitetes
Werk), und kommandirte selbst in der wich-

tigen Schlacht bei Maubeuge die stärkste
Kolonne. — *Carnot* liefs sich nicht, wie so
viele, durch *Robespierre's* patriotische Heuch-
lerlarve täuschen, und nie gehörte er zu
des Diktators öffentlichen oder geheimen
Schmeichlern: im Gegentheil, war er es, der
in der Minorität des Ausschusses immer gegen die grausamen Mafsregeln des Tyrannen
stimmte, ihm seinen blutigen Despotismus
vorwarf, und ihn einst in der Sitzung des
Ausschusses selbst, einen feigen Tyrannen
nannte. Der Ausschufs fürchtete seine Mäfsigung, aber *Robespierre* schonte ihn, weil er
im Kriege *Carnot's* nicht zu ersetzende Talente bedurfte, und es auch nicht wagte, ihn
als Mitglied des Ausschusses öffentlich anzugreifen. — *Carnot* ist als ein geist- und
gefühlvoller Dichter bekannt, und als Privatmann einer der liebenswürdigsten Menschen.
Seine blasse, etwas leidende Gestalt und
ruhig heitre Miene trägt den Ausdruck einer sanften, frohen und offnen Seele. Seine
Freunde rühmen seine Anhänglichkeit und
Beständigkeit, seine unermüdliche Dienstfer-
tigkeit und Sorge für seine Freunde, seine
Duldsamkeit, selbst der gröfsten Verschieden-

heit von Meinungen und Grundsätzen, und
seine häuslichen Tugenden. *Carnot* liebt die
Wissenschaften und Künste, und widmet ihnen seine wenigen Erholungsstunden; im
mathematischen Fach ist er Schriftsteller,
und mit allgemeiner Zustimmung nahm ihn
das Nazional-Institut als einen verdienstvollen Gelehrten, im vorigen Herbste zum Mit-
gliede auf. Er schätzt und erhebt das Verdienst, und bewirbt sich um die Bekanntschaft ausgezeichneter Gelehrten und Staats-
männer. So suchte er damals den trefflichen
achtungswürdigen *Bourgoing* auf, dessen Verdienste als Gelehrter und Staatsmann er
längst, aber nicht den Mann persönlich
kannte; und damit es nicht das Ansehen von
Protekzion haben möchte, liefs er ihn durch
einen seiner Freunde zu sich zum Essen ein-
laden, und freute sich der Bekanntschaft dieses talentvollen edlen Mannes.

Wer durch diese Thatsachen, welche *Carnot*'s Karakter, auch als Mensch, ehren, jenen
Vorwurf ehemaliger Verirrung nicht sehr
gemildert findet, — und der Mann, an der
Spitze eines Staates, dessen Hände rein sind,
der sein geheimes und öffentliches, in That-

handlungen seiner künftigen Richter in der
Geschichte überliefertes Leben, frei vom Vorwurfe fühlt, und der deswegen *Carnot* jenen
frühern Fehltritt nicht verzeihen kann. —
Dieser Einzige und Alleingerechte seines Geschlechts, hebe gegen ihn den ersten Stein.

Andre Tadler legen *Carnot* militairische
Eifersucht, und als eine Folge derselben, *Pichegru's* Abschied zur Last. Der erstere Vorwurf widerlegt sich selbst durch *Carnot's*
Verfahren bei den Armeen. Dagegen ist es
ziemlich erwiesen, dafs ein Zwist mit *Jourdan*,
Pichegru's Abdankung befördert hat, der als
Mensch und Philosoph den Krieg hafst.
Jourdan hat nachher *Pichegru's* Unwillen
gerechtfertiget, wenn man ihm anders die
beispiellose Indisziplin, worin er sein siegge-
wohntes Heer im Innern von Deutschland
verwildern liefs, allein aufbürden kann. Auch
weigerte sich *Pichegru* über den Rhein zu
gehen, gewarnt durch die Geschichte, dafs
die französichen Armeen, jenseits des Flusses,
das Grab ihres Ruhms finden würden. —
Überstimmt in seiner Meinung, legte er nun
den mit Lorbeern bekränzten Befehlshaberstab nieder, zog sich auf ein kleines Gut zu

Q

Arbois, bei Besançon, zurück, baute hier —
ein *Cincinnatus* — unter beschränkten Glücksumständen, seinen Acker selbst, und widmete
seine Muſse den Wissenschaften. Aus dieser
Einsamkeit schrieb der philosophische Held
an einen seiner Freunde in Paris, bei welchem ich den Brief sah, die einfach groſsen
Worte: *Je suis seul ici, avec mes livres et
mes souvenirs* q).

Die Justiz, und die Angelegenheiten des
Innern, sind in den Händen des Direktor
Reveillère-Lepeaux, aus dem Departement
der Vendée. Er war vordem Gutsbesitzer
in der Gegend von Angers, wo er mehrere
literarische Institute, unter andern einen bo-
tanischen Garten, stiftete. Die vereinte Stimme der Unpartheiischen, und selbst derer,
welche Gegner der jetzigen Verfassung, und
unerschöpflich im Tadel der Personen des
Direktoriums sind, nennt ihn vorzugsweise
den tugendhaften Mann. Frankreich,
sagen sie, huldigte dem reinsten Bürgersinne,

q) Hier bin ich allein, mit meinen Büchern und Erinnerungen an die Vergangenheit.

als *Reveillère* das erste Staatsamt übertragen
ward. Die öffentliche Meinung ist ungetheilt
über seine Einsichten als Staatsmann, seine
Kenntnisse als Gelehrter, und über seine ge-
sellschaftlichen Tugenden als Mensch. Er
war Mitglied der Generalstände, und einer
der eifrigsten Beförderer der allgemeinen
konstituirenden Versammlung, und der Abschaffung der ständischen Theilungen. —
Beim Anfange der Vendee-Unruhen gerieth
sein Leben in eben den Augenblicken in Gefahr, da er dort um Frieden flehete, und seine ganze Beredsamkeit anwandte, um den
Bürgerkrieg in seinem Vaterlande zu verhin-
dern. Er bekannte sich nie zu einer Partei,
er liebt den Frieden, er schätzt das Verdienst
unter allen Ständen und Völkern, und erklärt sich mit biedrer Offenheit für das Gute
und Edle. — Der Anblick des Mannes flößt
inniges Zutrauen und Hochachtung ein, auch
wenn er bei seiner kleinen, etwas verwach-
senen Statur, schwarzem abgestutztem Haar,
dicken Augenbrauen und gelblicher Ge-
sichtsfarbe, sich im Pompe der Direktorial-
Hoheit zeigt; und wo, und wie er erscheinen mag, spricht der treffliche, liebenswürdi-

ge, biedre Mann aus jedem seiner Züge, und
aus seinen humanen Äufserungen. Ich sah
ihn oft in den Versammlungen des Nazional-
Instituts, als Mitglied der zweiten Klasse, in
der Sekzion der Moral; und als er am feierlichen Eröffnungstage des Instituts, in der
Staatstoga, als Direktor, in seinem Sessel, auf
der Estrade des Saals sals, schien er sich
Zwang anlegen zu müssen, um nicht seinen
Sitz auf den Bänken der Mitglieder, diesem
Ehrenplatze vorzuziehen, und sich zu ihnen
zu gesellen. — *Reveillère* ward, weil er den
wüthenden Demagogen die kühne Stirn zeigte, von *Robespierre* gehafst und verfolgt. Er
legte nun seine Stelle als Deputirter nieder,
und entzog sich der Diktatur. Ohne ängst-
lich verborgen zu sein, lebte er in dieser
Zeit des unterdrückten Edelmuths auf dem
Lande, in der Gegend von St. Quentin. Bei
meiner Rückreise über diesen Ort, wo ich
Reveillère's Freunde besuchte, hörte ich einen der braven Männer, die damals den ver-
folgten Repräsentanten, mit ihrer eignen
und ihrer Familie Gefahr, bei sich aufnah-
men, sagen: »Was wir für ihn thaten, ist kein
Verdienst: denn welcher gute Franzose wür-

de nicht eben das gethan, und, mit eigner
Lebensgefahr, diesen tugendhaften Mann ge-
zwungen haben, einen Zufluchtsort unter seinem Dache anzunehmen? — Er gehörte zu
den vorzüglichsten Mitarbeitern an der jetzigen Konstituzion, nachdem der befreite Konvent ihn zurückgerufen, und ihm seinen vorigen Platz wiedergegeben hatte. — Bei der
Wahl zum Direktor hatte er, bis auf zwei,
alle Stimmen des ganzen Raths der Alten.

Der gröfste und schönste Mann unter
den Direktoren, ist *Barras;* — ein angenehmer und fröhlicher Gesellschafter, und wo
die Gefahr des Vaterlandes zum Kampf ihn
ruft, ein kühner Vertheidiger der Republik.
Diesen Ruhm erwarb er sich besonders bei
dem letzten Sekzionsaufruhr am 13ten Vendemiaire (5ten Oktober 1795), und verdankt
ihm seine Ernennung zum Direktor, als ein
Sieyes die Stelle ablehnte, und selbst der
Tiefdenker *Cambacéres* übergangen ward.
Barras, welcher jetzt das Polizei - Departement der Republik dirigirt, war ein, durch
Muth und Unerschrockenheit in Gefahren,
ausgezeichneter Offizier, aus einer alt-adli-
gen kriegerischen Familie in der Provence.

Auch sein Oheim, der Vicomte de Barras, machte sich, als ein tapfrer Soldat berühmt. Mit dem Admiral *Suffrein* ging jener nach Indien; man sagt aber, dafs dieser sein erster Feldzug sich nicht zu *Barras* Ruhm geendiget habe. Desto mehr that er sich bei der Belagerung von Toulon hervor, und trug auch am 9ten Thermidor, durch thätige Gegenanstalten, dazu bei, den von *Robespierre*'s Mantelträger, dem Pariser Kommandanten, *Henriot*, versuchten Aufstand gegen den Konvent, niederzuschlagen. Man erzählt Züge seines militairischen Lebens, welche wegen Kühnheit und Entschlossenheit, Heldenthaten genannt zu werden verdienen. Am 13ten Vendemiaire focht er mit dem General *Buonaparte*, — dem in Italien schönere Lorbern blüheten, — an der Spitze der Konventsarmee, gegen den Rebellentrofs, und rettete den Konvent durch den entscheidendsten Sieg. Die Tadler, — und *Barras* hat unter diesen, so wie unter dem Volk, eine starke Partei gegen sich, — beschuldigen ihn, er habe damals die, bei der Lage der Sachen nothwendig gewordnen strengen Mafsregeln des Konvents, sehr übertrieben, und noch in solchen Augenblicken viel Bürgerblut vergossen, wo der Sieg schon auf der Seite der Konventstruppen war. Als in diesem Bürgertumult die, durch den Widerstand bis zur Wuth gereizten Truppen, noch bis in die Nacht, die leeren Strafsen mit Kartätschenfeuer bestrichen, wurden, wie man sagt, viel ruhige Bürger an den Fenstern und in ihren Häusern getödtet. — Weiber, heifst es, tragen rachedürtend, noch die Kugel- und Kartätschenstücke an ihrem Busen, womit ihre Männer oder Söhne getödtet wurden. — So wenig nun *Barras* für das Blut verantwortlich gemacht werden kann, das bei diesem gefährlichen Volksaufruhre, von dessen schneller Stillung alles abhing, vergossen ward; so scheint er, bei der dadurch veranlafsten Abneigung des Pöbels, doch selbst das Bedenkliche seiner Lage zu fürchten. — So sah ich ihn, als dem Direktorium die ersten, in dem italienischen Feldzuge des vorigen Sommers eroberten vielen Fahnen, von dem Adjutanten *Buonaparte's* überbracht wurden, gerade an dem Morgen, da *Drouet's* Verschwörung wenig Stunden vorher zerstöhrt war, in der peinlichsten

Ungeduld. Bei der Audienz wandte er sich,
in der Stellung eines Mannes, der jeden Augenblick überfallen zu werden fürchtet, auf
seinem Stuhle rastlos hin und her, während
seine vier Amtsgehülfen ruhig, wiewohl in
sich gekehrt und niedergeschlagen, da safsen.
— *Barras,* der unter den Direktoren überhaupt des Lebens noch am meisten geniefst,
hat in Suresne bei Paris, ein sehr artiges
Landhaus, in einer treflichen Lage.

Minister.

Dem richtigen Blicke des Vollziehungs - Direktoriums, in der Wahl seiner Gehülfen in den Staatsarbeiten, macht die Ernennung der jetzigen sieben Minister der Republik Ehre. Jeder ist in seinem Fache was er sein soll, und die Talente der meisten sind geachtet. — Die Minister sind als Staatskommis der Direktoren anzusehen, unter deren Augen, Vorsatz und Leitung sie wirken. Ihre Arbeiten sind von unermeßlichem Umfange, und das blofs Mechanische, mit dem Wesentlichen ihrer Geschäfte zusammengenommen, übersteigt fast eine menschliche Kraft. Schon durch die Menge der Unterzeichnungen von Expeditionen aller Art ihrer Büreau's, und der Korrespondenz, verlieren sie den gröfsten Theil ihrer Zeit. Für diese Schriften sind nicht, wie es bei einer wohlgeordneten Kabinetsorganisation sein sollte, ihre Mitarbeiter, die Chefs dieser Büreau's und ihrer Divisionen, sondern die Minister allein verantwortlich. Sie müssen folglich, als gewis-

senhafte Männer, alle diese, von ihren Un-
terarbeitern konzipirten Schriften durchlesen,
ja oft überarbeiten, ehe sie ihren Namen un-
terzeichnen. Dieser offenbare Fehler in der
Organisazion des Büreau's der Minister, ist
hauptsächlich die Ursache der grofsen Über-
lastung mit Arbeiten, vornämlich in den Departements der auswärtigen Angelegenheiten,
der allgemeinen Polizei und der Finanzen.
Es bleiben diesen Männern kaum vier Stunden zur nächtlichen Ruhe, und die stärkste
körperliche Konstituzion erliegt unter ihren
Anstrengungen. Ist das nicht bei *Charles
Delacroix* der Fall, so trägt sein fast kolos-
saler Körperbau diese Zentnerlast leichter,
als z. B. *Merlin* von *Douai*, der aus dieser
Ursache, seine Stelle als Polizeiminister, aufgeben mufste.

Die Minister bewohnen prächtige Nazional - Häuser, vormalige königliche Gebäude,
oder Emigrantenwohnungen. Das Haus des
Ministers *Delacroix*, in der Strafse *du Bac*,
Maison Galiffet, ist eins der schönsten in
Paris, und das, mit einer Kolonnade dekorirte
Arbeitskabinet des Ministers, worin er mit
den fremden Gesandten Konferenzen hält,
reich und geschmackvoll meublirt.

Jeden Morgen fahren die Minister, in vor-
herbestimmten Stunden, in ihrer Staatstracht,
zur Audienz bei dem Direktorium, erstatten
hier in den Sitzungen Bericht über ihr Departement, legen ihren Chefs Regierungsbe-
schlüsse zur Genehmigung vor, und arbeiten
dann gemeinschaftlich mit den Direktoren,
welche ihren einzelnen Fächern vorstehen.

Charles Delacroix, der Minister der auswärtigen Angelegenheiten, hat, und gewifs
mit Recht, den Namen eines rechtschaffnen
und äufserst arbeitsamen Mannes. Anstrengung, Fleifs und Ordnung in Geschäften, ersetzen wohl an einem so wichtigen Platze nicht
immer das Genie und den grofsen Überblick,
den seine Stelle vor allen erfordert; aber
wer ihm den Mangel dieses Talents parteiisch
vorwirft, kann ihm doch die erstern guten
Eigenschaften eines Ministers nicht abspre-
chen, und kein andrer würde, bei der be-
denklichen Lage der neuen Republik; in ihren jetzigen innern und äufsern Verhältnissen, an *Delacroix* Platze, der Kritik entgehen.
Wenn, wie man sagte, das Vollziehungs-Direktorium, um einem gewandtern und erfahr-
nern Staatsmann dieses Departement zu über-

tragen, den Abschied eines Mannes wünschte,
dessen öffentlicher und privat- Karakter un-
bescholten ist, und der Arbeitsamkeit und
Ehrlichkeit mit einem eifrigen Patriotismus
verbindet; so kann es doch, ohne Ungerechtigkeit, nicht mit eigenmächtiger Entfernung
dieses Ministers verfahren, der bei solchem
Anlaſs sich auf diesen bekannten tadelfreien
Karakter beruft. Auch würde er, beim Abschied als Minister, nach der Konstituzion
unfähig sein, die verlaſsne Stelle, als Reprä-
sentant in der gesetzgebenden Versammlung,
in den ersten Jahren wieder zu bekleiden,
und ein unheilbares körperliches Gebrechen,
welches ihm weite Reisen verbietet, steht
seiner Versetzung an einen Gesandtschafts-
posten im Wege. — — Dem überspannten
patriotischen Sinne dieses Ministers wirft man
die Entfernung vieler treflichen Arbeiter aus
seinen Büreau's vor, die er entlieſs, so bald
er an ihnen eine Kälte in der Sache der
Republik zu entdecken glaubte.

Nacheinander entfernte er im vorigen
Sommer, wegen dieses, oft nur entfernten
Argwohns, einige siebenzig Personen, und
unter diesen, ausgezeichnet vortrefliche Köpfe

und edle Männer, die schwerlich zu ersetzen
sind. Mit jenem, nur zu oft blofs eingebil-
deten Beweggrund, läfst sich dieses Verfahren, wodurch die vorzüglichsten Arbeiter des
Departements entfernt, und aufser Thätigkeit
gesetzt sind, nicht rechtfertigen, sondern allenfalls nur vor überpatriotisch gesinnten
Richtern entschuldigen. — *Delacroix* be-
gegnet jedem, mit ihm in Geschäften stehenden Fremden, mit republikanischer Offenheit
und Freimüthigkeit. Die Thür zu dem innern Kabinet dieses humanen Ministers ist
keinem verschlossen. Auch dann findet man
Gehör, — was doch wohl bei wenig Kabi-
netsministern der Fall sein dürfte, — wenn
man von ihm die Beförderung, eines unter
seinen Händen liegenden, und vielleicht blofs
durch Zögerung der Expedizionsformen auf-
gehaltnen Geschäfts, erbitten will. Ohne verstimmt oder verdrüfslich zu werden, hört
Delacroix solche, etwas lästige Erinnerungen, mit der ihm eignen stillen, freundschaftlichen Gelassenheit, und befolgt sie, mit
möglichster Beschleunigung, auf der Stelle. —
Er vergifst im Geschäftsdrange nie den Fremden, während er selbst vor seinem Büreau

arbeitend steht, so lange zum Sitzen zu nöthigen, bis er sich wirklich setzt, und ihn
beim Weggehen bis in sein Vorzimmer zu
begleiten. — Solche kleine Züge, so unbedeutend sie auch scheinen, sind, in der Karakteristik eines französischen republikanischen Ministers auswärtiger Angelegenheiten,
in der That nicht gleichgültig.

Ramel, Minister der Finanzen, ist ein
sehr verständiger, thätiger, rechtschaffner und
einfach gerader Mann. Bei ihm ist es vorzüglich wahr, dafs er den gröfsten Theil des
Tages, vielleicht zwölf bis vierzehn Stunden,
mit dem mechanischen Geschäften der Un-
terzeichnung von zahllosen Schriften verlieren mufs, die er durchaus nicht alle lesen
kann, und für die er doch verantwortlich
ist. — Er schläft äufserst wenig, und wird
bei der fortdauernden nächtlichen Arbeit,
und übermäfsigen Anstrengung, sehr oft durch
Kränklichkeit in seinen Geschäften unterbrochen. — Fürwahr, eine schlimme, aber
schon längst vor ihm in Erfüllung gegangne
Vorbedeutung für die, bis zur Auszehrung
kränkelnden französischen Finanzen, an deren Heilung bis jetzt die Kunst, auch des
besten Arztes, scheiterte.

Der vormalige Polizeiminister *Merlin* von *Douai*, hatte zweimal von dem Direktorium seinen Abschied gefordert, aber er ward ihm, wegen seiner großen Thätigkeit, strengen Ordnungsliebe, und einer, in das innre Einzelne der Verwaltung dringenden Genauigkeit, verweigert. Bei der Durchsicht der Aufsätze seiner Büreauchefs, ließ sich der Minister, zu dem sehr unministeriellen Zensurgeschäfte des Stils und der Wendungen in der Schreibart, herab, und bemerkte sehr strenge den geringsten Verstoß gegen diese, und gegen Sprache und Rechtschreibung. Denn leider, giebt es auch in den Büreau's der Minister, krasse Ignoranten. Sie begehen Fehler, welche zur ahndenden Kompetenz des Szepters eines Schulmeisters gehören; und zu diesem sollte ein Minister sie schicken, statt sich mit der Belehrung solcher Sünder abzugeben. Vorzügliche Köpfe, wie in dem Büreau der Polizei der vormalige Professor *Hoffmann,* aus Mainz, ist, finden sich hier wenige. — Als *Merlin* seinen Abschied zum drittenmal forderte, ward er in das Departement der Justiz versetzt, wozu ihn seine gründlichen juristischen Kenntnisse,

sein kalter Karakter, und seine geprüfte
Rechtschaffenheit eignen. Diese Versetzung
berechtiget zugleich zu der Hoffnung einer
bessern Justizverwaltung, die bis dahin sehr
vernachläfsigt ward.

Die Stelle des Polizeiministers ward durch
den Repräsentanten *Cochon* sehr glücklich
ersetzt. Mit einer merkwürdigen Lebhaftig-
keit des Geistes, verbindet er, in seiner viel-
umfassenden Verwaltung, eine nicht einzu-
schläfernde Wachsamkeit, Ernst, Entschlossenheit und Kühnheit, in der Ausführung der
zur Erhaltung der öffentlichen Sicherheit,
gegen die Kabalen ergriffnen Mafsregeln. Gelingt es *Cochon* nicht, die jetzt durch Stra-
fsenraub in Paris mehr wie jemals gestörte
Sicherheit, herzustellen, wer wird dann in
diesem — Kloak der Unmoralität des Volks,
seinen Zweck erreichen! — Der hier bezeichnete Karakter eines Polizeiministers
spricht aus dem ganzen Äufsern dieses Mannes. Der Feuerblick seines grofsen rollen-
den Auges, scheint die verborgensten Schlupfwinkel der gegen die Ruhe der Republik
verschwornen Kabale, auszuspähen und zu
durchschauen, und sein ganzer Körper ist in

einer Art von exaltirten Bewegung, wenn er
spricht und erzählt. Alles an dem Manne
kündigt den Ruhestöhrern ewigen Krieg an.
— Einen starken und denkwürdigen Beweis
seiner entschlofsnen Kühnheit, gab *Cochon*,
bei der entdeckten Verschwörung *Drouet's*
und *Baboeuf's*. In allen seinen Theilen hatte er den Verschwörungsplan ergründet, war
mit scharf bewafnetem Blicke, den geheimsten
Gängen der Verschwörer gefolgt, wufste genau, die zum Ausbruche der Vertilgungsplane
vorbestimmte Stunde, traf die kräftigsten
Mafsregeln, um ihm mit mächtigem Wider-
stande zu begegnen, — und sprach nun, indem er dem Direktorium jenen Plan, und
seine Gegenanstalten vorlegte: »Lafst die
Stunde schlagen, und die Verschwörung aus-
brechen! ich bürge dann mit meinem Leben
dafür, dafs ich, aber nur unter dieser, euch
vorgeschlagnen, und von euch mir zu ge-
währenden Bedingung, die ganze Rotte der
Verschwörer ergreife. Mir entgeht keiner.
Meine Anstalten trügen mich nicht. Sie sind
gemacht. Gewährt mir meine Bitte. Entscheidet ihr aber anders; soll ihr Plan vor
dem Ausbruche gestöhrt werden; so werde

R

ich wohl einige Verschwörer fassen, aber
nicht auf einmal alle Häupter der Bande, und
nie wird die Republik alle ihre Feinde kennen lernen. « — Man muſs, wie ich, *Cochon*'s eigne Erzählung dieses ganzen Vorgangs, und die kraftvollen Worte, womit er
sie vortrug, gehört haben, um über die Kühnheit des Mannes zu erstaunen. Die ruhiger
überlegenden Direktoren bewunderten die
Entschlossenheit des Ministers in diesem groſsen Plan; aber die Gefahr der Befolgung
schien ihnen für die öffentliche Ruhe, und
für ihre eigne Sicherheit, zu groſs sie weigerten sich, in den kühnen Vorschlag einzuwilligen. *Cochon* hatte richtig gesehen: denn
in der That, die wirklich ergriffnen Verschwörer waren unbedeutende Menschen,
und der kurzsichtige Schwärmer *Drouet*, und
Baboeuf, der wilde Renommist, nicht allein
die Häupter dieser, durch fremde Einflüsse,
zum Sturz der jetzigen Verfassung angestifteten Verschwörung, so sehr auch sonst die
verkehrte Anlage des Plans, und die blinde
Wahl dieser Hauptagenten, mehrern ähnlichen Unternehmungen des Auslandes in
Frankreich, analog ist. — Ein bezeichnender

Zug in *Cochon*'s jovialischem Karakter, ist
noch dieser: daſs er, um die Müſsiggänger in
Paris, — diese Legion in den Gesellschaften vom sogenannten guten Ton, — zu beschäftigen, und sie sich, wie man, — wenn
diese Vergleichung nicht zu roh ist, — einen
hungrigen, überlästigen Hund, mit einem hin-
geworfnen Knochen, abwehrt, auf eine Zeitlang vom Halse zu schaffen, ihnen selbst seinen Namen preis giebt, der so schon die
Zielscheibe der dummen Späſse vieler schmutzigen Mäuler ist. — Der Minister wurde
von jemandem, um einen Befehl gegen das
Ballonspielen auf öffentlicher Straſse, gebeten; er gab ihn: ferner, um eine Verordnung
gegen das Herumlaufen der Schweine, — die
er abschlug: *parce que les cochons ne respec-
teroient pas un ordre — de Cochon* r).

Der Minister des Innern, *Benezech*, er-
wirbt sich, durch seine ausgebreiteten, soli-
den, literarischen Kenntnisse, thätigen Eifer in der von ihm, unter des edlen *Reveil-*

---

r) Weil die Schweine (*les cochons*), einen Befehl
von *Cochon* nicht befolgen würden.

lère · Lepeaux Vorsitz geleiteten Beförderung
der Wissenschaften, Künste und nützlichen
Gewerbe, durch Geschmack in den Vorschlä-
gen öffentlicher Feierlichkeiten und Staatsze-
remonien, und durch seine übrige Verwaltung, Achtung und Liebe, die durch die un-
aufhörlichen Neckereien und Ausfälle der
Journalisten, gegen seinen, ihnen nicht ein-
leuchtenden Patriotismus, nicht vermindert
wird. *Benezech* ist ein beredter liebenswürdiger Mann, sehr zuvorkommend gegen Fremde, durch Mittheilungen und Nachweisungen, und sogar durch persön'iche Begleitung
zu den merkwürdigen wissenschaftlichen und
artistischen Instituten in Paris.

Thätigkeit und Kenntnisse in seinem Departement, zeichnen den Marineminister, Vi-
zeadmiral *Truguet* aus. Auch persönlich ist
er ein höchst interessanter Mann und fröhlicher Gesellschafter. — Daſs der Ruhm der
republikanischen Marine seinem Eifer und
seiner Thätigkeit nicht entspricht, liegt in
unendlich vielen Ursachen, die weder er,
noch ein berühmterer Seemann, an seinem
Platze, zu heben vermag; — und ihren besten
Seeoffizier, den edlen *d'Estaing*, — haben sie
ja guillotinirt!

Von *Periet*, dem Kriegsminister, der gute
militairische Kenntnisse haben soll, hört man
kaum reden: denn *Carnot's* Namen glänzt
im Kriegswesen zu Lande allein, und es ist
genug, wenn sein Staatskommis, der Minister, seine Befehle und Plane nur wörtlich
und genau zu kopiren versteht.

Daſs, der vorzüglichen Eigenschaften der
jetzigen republikanischen Staatsadministrato-
ren, die für Frankreich viel versprechen, ungeachtet, die Klagen über den langsamen
Gang der Geschäfte, über Leichtsinn in den
Verhandlungen, Verspätung der Regierungs-
beschlüsse, und Trägheit in der Ausführung
der Gesetze, so laut und allgemein sind,
mag gröſstentheils in der Unbilligkeit der
Kläger, und in der Kurzsichtigkeit derer liegen, welche die nicht zu berechnende Ge-
schäftsmenge eines groſsen, neu organisirten
Staates, in seiner kritischsten Lage, nicht
übersehen; die Fremdheit der meisten Staatsbeamten und ihrer Untergebenen in der Form
und dem Wesen ihrer angetretenen, eben so
wichtigen als komplizirten Verwaltungen,
nicht erwägen, und einen festen und raschen
Gang der groſsen Staatsmaschiene nicht erst

von der Zeit, der Gewöhnung und der Ver-
einfachung der Geschäfte erwarten wollen.
So wahr und einleuchtend das aber auch ist,
so trift doch ein Theil dieser Vorwürfe die
Staatsbeamten, und besonders die Minister,
in Rücksicht der eignen Wahl ihrer Chefs in
den Büreau's, und in deren verschiednen Divisionen und Sekzionen; er trifft die nicht
ganz zweckmäfsige Einrichtung dieser Büreau's. Arg ist die Unwissenheit, die Unordnung, die Trägheit — und Bestechlichkeit
sehr vieler Arbeiter, von den Büreau's der
Minister an, bis zu den untergeordneten Administrazionen herab. Bei dem Ruin der Finanzen, sind die Besoldungen des Chefs sowohl, als ihrer Commis, in den Ministerial-
büreau's, äufserst geringe. Damals, als der
Kurs des Louisd'or zu sechstausend Franken
in Assignaten stand, bekamen die meisten
der erstern, siebentausend Franken in Assignaten, die letztern drei- bis viertausend. Dafür konnten sie sich nicht im Brod sättigen;
und so war den Geldbestechungen der Weg
gebahnt, der verdeckte Betrug aller Staatsbeamten begünstiget. Und was bleibt dem
gewissenhaften Beamten, welchem der Staat,

dem er seine Kräfte opfert, den nothdürfti-
gen Unterhalt versagt, anders übrig, als Mismuth und gelähmte Thätigkeit, die Folge
des erstern. — Ein Theil der Unterbeam-
ten, die das Gouvernement unmittelbar
umgeben, und anderer Arbeiter in vielen
Verwaltungen der Departementer, ist bis zu
einer Tiefe der Unmoralität · hinabgesunken,
die für die Dauer der Republik voll unglück-
licher Vorbedeutungen ist, wenn sich der
Regierung selbst, und ihren ersten Beamten,
hierüber nicht bald die Augen öffnen; wenn
sie zuerst, in ihrer Nähe, Menschen von öffentlichen Geschäften nicht entfernen, die
das Vaterland, wenn sie könnten, verkaufen
würden, und mit der frechsten Stirn, die Gerechtigkeit für ihre *prix fixes* feil haben.

Manche Klagen, selbst der eifrigsten Republikaner und ruhigen Bürger, deren heiße
Wünsche der Dauer der jetzigen Verfassung
gehören, besonders über die schlechte Justiz-
administrazion, waren damals nur zu gegründet; aber man hoffte auf *Merlin*'s Eifer und
bessere Verwaltung. Diese Vorwürfe erschüt-
tern, wenn sie gerecht sind, die Regierung
eines, nach solchen Stürmen neu gegründe-

ten Staates, unmittelbar in seinen Grundpfei-
lern; und die Vernachlässigung einer thätigen, ernstlichen und gleichen Gerechtigkeits-
pflege, zur Erhaltung der Rechte der Bürger,
und zur Sicherung ihrer Personen und ihres
Eigenthums, untergräbt das grofse stolze Gebäude selbst, und führt seinen Umsturz
herbei.

S i e y e s.

»Mes momens sont ceux d'un paresseux« [s]) antwortete mir der merkwürdige Mann, dem ich im Nazional-Institut, wo er Präsident der zweiten Klasse war, durch den vormaligen Bischoff *Gregoire*, Mitglied eben dieser Klasse, zugeführt ward, auf meine Aeußerung: daß um seine kostbare Augenblicke zu schonen, ich ihm meinen Besuch noch nicht gemacht hätte. Ohne nun gerade an eines *Sieyes momens d'un paresseux* zu glauben, benutzte ich doch den Wink, und ging am andern Morgen zu ihm.

Von wie vielen Fabeln, Schmähungen und Verläumdungen, ist nicht das politische Dasein dieses Mannes der Gegenstand gewesen! und er hat sie alle überlebt und vernichtet. — War er es nicht, der eine starke Stütze der Volkspartei, den französischen Adel, stürzte? und doch, auch Orleans Agent

---

[s]) Meine Augenblicke sind die eines Müßiggängers.

sollte er gewesen sein! Orleans Agent, und — *Robespierre's* Vorarbeiter! In der That, diese von *Sieyes* verbreiteten Ungereimtheiten und Widersprüche, sind vollkommen im Geschmacke jener einst so mächtigen Kaste, deren Fall er bereitete, die ihm das, — wie er selbst sagte, nie verzeihen, aber auch vergebens arbeiten wird, den Mann aus seinem Gleichgewichte zu bringen.

In philosophischer Muſse lebt der vordem so thätige *Sieyes*, in einen sehr kleinen Zirkel von Bekannten zurückgezogen; ein stiller Beobachter der jetzigen Lage und Verhältnisse Frankreichs. Sollte es ihm je geahndet haben, daſs es dahin kommen würde, wohin dieser Wechsel der Dinge es gebracht hat? »Die französiche Revoluzion, sagte er mir, war eine so schöne Sache; aber es haben sich schlechte Menschen hineingemischt.« . . . . Dieser — Gemeinplatz in eines jeden andern Munde, war merkwürdig genug in diesem, wiewohl eben so wenig Beweis von seiner Unzufriedenheit mit der Gegenwart, — weil es keine Antwort auf jene Frage war, die ich ihm nicht that, — als seine Weigerung, Mitglied des Direkto-

riums zu sein, ein Beweis von seinem Tadel
der jetzigen Verfassung war. Dafür hat man
sie gehalten, weil alles an *Sieyes* etwas anderes scheinen soll, als es wirklich ist: und
doch hatte diese Weigerung ganz andre, und
sehr einfache Ursachen.

Ich fand *Sieyes*, dessen Thür mir ohne
Anmeldung geöffnet ward, im dritten Stockwerk, in seinem mittelmäßig meublirten
Wohnzimmer, das durch ein Fachfenster,
von einem engen Hofe herein, nur sparsam
erleuchtet ward, im Hausrock und der Nacht-
mütze, im Zimmer- auf und abgehend. Die
»Augenblicke eines Müßiggängers« fielen mir
hier wieder ein, — aber sie waren es ge-
wiß nicht: der, in seiner Studierstube umher-
wandelnde *Sieyes* ist mir so viel werth, als
der, an seinem Schreibtisch arbeitende Minister. Aufgeschlagne Bücher lagen auf dem
Schreibtisch, auch einige Papiere; und eine
mit goldnen Borten und Quasten besetzte
ungarische Mütze, wie sie vordem die Kon-
ventsdeputirten auf ihren Sendungen trugen,
— der zu diesem Kostüme gehörige große
Säbel, hing dort an der Wand, und hinter seinem Armsessel, neben dem Kamine,

Voltaire's schlecht gearbeitetes Profil von
Wachs.

Die Unterhaltung mit *Sieyes* ist nicht
schwer; er läst sich gern ein, und sein be-
lebtes Gespräch, worin er jeden Gegenstand
mit philosophischer Klarheit, und mit dem
Scharfsinn des Menschenkenners ergreift, stralt
von neuen Ideen. — Man spricht von des
Mannes mürrischem Äulsern, und mehrere
Fremde beschwerten sich gegen mich über
seine drückende Einsilbigkeit, üble Laune,
und selbst über seine Unurbanität. Ich hatte mich bei meinen wiederholten Besuchen
nicht darüber zu beschweren; und konnte.
einem, sonst achtungswürdigen Manne, der
mich in jenem Sinne fragte: »Was hat euch
der Bär gesagt?« nichts anders, als mit der
Gegenfrage: Ob er *Sieyes* kenne? antworten. — Es gab zwar in unserer Unterredung Augenblicke, — und ich werde sie n i e
vergessen, ohne den M a n n darnach beurtheilen zu wollen, — wo seine harte Entscheidungen, und mit leidenschaftlicher Heftigkeit ausgestofsenen ungerechten Vorwürfe
und Erklärungen, mich dahin brachten, dafs
ich mich selbst fragte, ob dies derselbe Mann

sei, welcher einst so grofs und schön gegen
den Konvent ausrief: *Ils veulent être libres,
et ne savent pas être justes!* 1) Aber diese
Unterredung ward durch individuelle Ursachen und persönliche Verhältnisse veranlafst, die ich hier nicht auseinander setzen
kann. Und noch in derselben unvergefsli-
chen Stunde, legte sich der Sturm in seiner
Seele, und der M e n s c h zeigte sich mir wieder in sanfter Abstimmung des Gesprächs,
wodurch er den selbstempfundnen Eindruck
jener ausschweifend heftigen Aeufserungen,
wieder mildern zu wollen schien.

Kraftvolle Selbstständigkeit in dem eignen
und neuen Gang seines Urtheils über Gegenstände der allgemeinen Politik von Europa,
lichtvolle Entwickelung der jetzigen Lage der
Staaten; kühne Entscheidung über die auswärtigen neuen Verhältnisse der französischen Republik, und ein durchdringender
Blick in die geschlofsnen Verträge dieses
Staates mit fremden Mächten; — das war

---

1) Frei wollen sie sein, und wissen nicht gerecht
zu sein.

der Inhalt und Hauptkarakter der Aufsrun-
gen *Sieyes,* in einigen Unterredungen mit
ihm; welche, öffentlich mitzutheilen, mir andre Rücksichten verbieten. Der Blick seines
grofsen schwarzen Auges ist stark und fest;
seine Stimme, bei einer schwachen Brust,
die ihm das öffentliche Reden sehr er-
schwert, in seinem Zimmer, und im Feuer
des Gesprächs, voll und stark; seine Bewegungen sind rasch, und seine blasse Ge-
sichtszüge belebt und geistvoll.

Sieyes spricht mit vielumfassender Kenntnifs von Gegenständen der allgemeinen Literatur, und mit Achtung von der deutschen;
nur die auszeichnende Vorliebe für diese,
und eine genaue Kenntnifs derselben, habe
ich, in dem hohen Grade, in welchem andre
Deutschen sie *Sieyes* zuschreiben, nicht bei
ihm gefunden. Da er die deutsche Sprache
nicht verstehe, sagte er, kenne er nur wenig
Uebersetzungen und Auszüge deutscher Origi-
nale. — Als ich in einer Sitzung des Nazional - Instituts, bei *Camus's* Antrag über die
Mittel zur Annäherung der französischen und
deutschen Literatur, und bei einem andern
Vorschlage zu gegenseitigen Mittheilungen

französischer und deutscher Gelehrten und
ihrer Schriften, *Sieyes* meine Freude darüber
bezeugte, antwortete er: »Auch ich freue
mich darüber; und es ist wohl endlich Zeit,
daſs wir uns mit diesem Gegenstand ernst-
lich beschäftigen.« — Aber er lächelte über·
meine Frage, in Ansehung seiner, in Deutschland vorgegebnen unmittelbaren Korrespondenz und Verbindung mit deutschen Gelehrten und Philosophen, und leugnete sie
schlechthin. — »Man hat, sagte er, so viel
ausgestreuet, so viel gesprochen, und man
hat wahrlich Unrecht. Ich lebe ruhig, und
möchte auch unbemerkt leben.« »Sie haben, setzte er mit einer Wendung hinzu,·
überhaupt Gelegenheit in Paris, Wahrheit
von Lügen zu unterscheiden; widerlegen
Sie in Ihrem Vaterlande so viel leere Gerüchte, wodurch Wahrheit entstellt, und öffentliches Urtheil verschoben wird.« Als ich
hier jene, ihn selbst betreffende Sage, damit
entschuldigte, daſs man sich im Auslande
gern auch mit dem Persönlichen der Männer beschäftige, die der groſsen Sache der
Revoluzion gedient haben; da war es, wo
Sieyes mit bedeutendem Ausdrucke antwor-

tete: »Ja, es war eine schöne Sache, — aber
schlechte Menschen haben sich hineingemischt,« und das Gespräch abbrach. — Über
Kant's Schrift zum ewigen Frieden, die er
aus Auszügen kannte, sagte er: »Man wird
den Verfasser über die Punkte eines ewigen
Friedens wohl nicht um Rath fragen; und
vielleicht schützt ihn nur sein Alter, in Rücksicht dieser Schrift, vor Mishandlungen.«

Die Sitzungen des Raths der Fünfhundert versäumt *Sieyes* selten, aber wenn nicht
wichtige Berathschlagungen vorfielen, sah ich
ihn nie länger als eine halbe Stunde darin
verweilen. Als Redner hört man ihn hier
nicht mehr; in dem geheimen Ausschufs aber
trat er einigemal als Berichtserstatter der
zur Untersuchung von Friedenstraktaten er-
nannten Kommissionen auf. — Bei wichtigen und unwichtigen Verhandlungen des
Raths, safs der Philosoph in sich gekehrt,
oder er las in gedruckten Papieren. Selbst
bei dem stürmischen Auftritt am 23ften Germinal, sah ich ihn mit dieser anscheinenden
Gleichgültigkeit da sitzen; und er blickte, als
der Lärm aufs höchste stieg, durch seine
Brille in das Weite des Saals hinaus.

In seiner Liebe zum ruhigen beschauen-
den Leben, zur Zwanglosigkeit bei seinen
Arbeiten, zur Bequemlichkeit, die seine
schwankende Gesundheit zu bedürfen scheint,
und in einem Widerwillen gegen alles feierliche Repräsentiren, lag die Ursache, warum
Sieyes die Wahl zum Direktor ablehnte, weil
er auf alles dieses dann hätte Verzicht thun
müssen. Als eine Miturache der Weigerung,
giebt man seine persönliche Abneigung von
dem Direktor *Rewbell* an.

Eine, durch die Zeitungen in Deutschland, im vorigen Sommer verbreitete häfsliche Unwahrheit, womit man auf *Sieyes*'s Karakter ein falsches Licht hat werfen wollen,
ist die: er habe in seiner Berichtserstattung,
über den Entwurf des harten Friedenstraktats mit Sardinien, auf der Tribüne des
Raths der Fünfhundert gesagt: Der König
selbst hätte an der Barre der gesetzgebenden Versammlung erscheinen, und fusfällig
um den Frieden bitten müssen. — Ich
kann mir die Entstehung dieser ärgerlichen,
erz - terroristischen Aussireuung, nicht anders als so erklären: — Ein Pariser Journalist, (irre ich nicht, — denn ich supplire

S

hier bloſs aus dem Gedächtnisse, das mir
aber in dem Wesentlichen dieser Sache getreu geblieben ist, — so war es *Röderer*),
theilte in seinem Blatte Bemerkungen über
das Für und Wider des Sardinischen Friedens mit, und zergliederte das verschiedne
Urtheil des Publikums darüber. » Es giebt,
ungefähr s o hiefs es unter andern, auch
noch rasende Terroristen in unserm Publikum, welche diesen Frieden noch zu gelin-
de finden, und es wohl gerne gesehen haben würden, wenn der König in Person an
den Schranken der gesetzgebenden Versammlung erschienen wäre, und kniend um
Frieden gebeten hätte. « Keine andre, auch
noch so entfernte Veranlassung, ist mir bekannt, woraus die in Galle getauchte Fe-
der irgend eines andern Pariser Korrespon-
denten, jene gehässige Anekdote von *Sie-*
yes gezogen haben kann, die ich in Paris
selbst nie gehört habe.

Eine andre Erzählung von ihm trugen
selbst mehrere Pariser Journale vor, von
der es mir, wegen des darin liegenden karakteristischen, leid gewesen wäre, dafs auch
sie, wie ich aus der ersten Quelle weiſs,

grundlos war, wenn anders *Sieyes,* bei der
Wahrheit selbst, nicht von einer andern
Seite kompromittirt wäre. — *Sieyes's* Namen, so erzählten die Novellisten, sei in
einigen, in *Drouet's* Verschwörungssache ge-
fundnen, Papieren vorgekommen, worauf
ihn das Direktorium eingeladen habe, sich
zu stellen. *Sieyes* sei vor dem Direktorium
erschienen, und der Präsident habe ihm nun
die Papiere, mit der Aufforderung, vorge-
legt, darüber sich zu erklären und zu rechtfertigen. Nachdem *Sieyes* ihn ruhig hatte
ausreden lassen, sei er aufgestanden, und
habe, — im Geist des angeklagten *Scipio,* —
geantwortet: *Est - ce - là tout ce que vous
avez à me dire? — Je n'ai rien à vous
répondre;* v) — und sei fortgegangen. —
Auch diese Anekdote ist falsch. *Sieyes's* Namen fand sich durchaus nicht in den Ak-
ten dieser elenden, schlecht berechneten,
und bei allen scheuslichen Vorbereitungen

v) Ist das alles, was ihr mir zu sagen habt?
Ich habe euch darauf nichts zu antworten.

an sich selbst doch planlosen Verschwörung.
Ich sah eine authentische alphabetische Listo
aller derjenigen Namen, die, auch nur entfernt, in jenen Papieren des Komplots, be-
rührt wurden; — aber auch dem entschie-
densten Gegner von *Sieyes* fiel es nicht
einmal ein, daſs der seinige darunter sein
könne.

Die Wahrheit des folgenden Vorfalls kann
ich verbürgen, weil ich die Erzählung aus dem
Munde eines mir verehrungswürdigen Freun-
des empfing, den der Vorfall zugleich mit
betraf.

Robespierre, dessen Falkenblick tödtend
auf jeden schofs, der auch nur entfernt seinen ehrsüchtigen Planen gefährlich werden
konnte, begnügte sich in Absicht auf *Sieyes*
damit, ihn genau beobachten zu lassen; und
dieser entzog sich, so viel er konnte, durch
Entfernung von aller Theilnahme an Geschäften, und durch ein hartnäckiges Still-
schweigen über alles, der eisernen Faust
des Tyrannen, unter welcher sich alles beug-
te. Jener benutzte unterdessen alle Mittel,
um *Sieyes*'s Schritten nachzuspühren, — und

auch die Brieferöffnungen auf den
Posten, — diese, auf Loyola's Lehre: »der
Zweck heilige auch die schändlichsten Mittel« gestützte, ganz bequeme Erfindung der
inquisitorischen Eigenmacht, *raison d'état*
genannt, um Geheimnisse zu erfahren, worin *Robespierre* auch anderswo Vorgänger
und Nachahmer genug fand. — Alle, an
Sieyes etwa ankommenden Briefe, sollten
auf des Diktators Befehl eröffnet werden. — Dieser hatte gerade damals in
einer Unterredung mit einem deutschen
Freunde, über *Kant*'s Philosophie, den
Wunsch geäufsert, eine allgemeine Übersicht dieses neuen Systems zu erhalten,
und der letztere schrieb · deswegen an
seinen Bruder, einen Gelehrten auf einer deutschen Universität, welcher, weil
ihm die lateinische philosophische Sprache geläufiger als die französische war,
einen lateinischen konzentrirten Auszug
der Kantischen Grundsätze entwarf, und ihn
in einem, an *Sieyes* adressirten Briefe nach
Paris absandte. Der Brief kam an, ward
in das Polizei - Büreau geschikt, und er-
brochen. — »Ein lateinischer Brief von

mehrerern Bogen, — an *Sieyes*, — aus
einem feindlichen Lande? dahinter stecken Geheimnisse, wohl gar ein Verschwö-
rungskomplut!« — So dachte man mit
diplomatischem Scharfsinn, und der wichtige Brief wanderte nach einem der revoluzionairen Ausschüsse. Diese höhere
Instanz des Weisheit starrte den Brief
an, verstand ihn eben so wenig, und
schimpfte auf die Sprache der Pedanten.
Der hohe lateinische Schulmeisterrath ward
versammlet; man lieset, lieset noch einmal, streitet lange über den Inhalt dieses sonderbaren Briefes, — findet wohl
die Worte, aber den Sinn durchaus
nicht, übersetzbar und verständlich. —
Nein, nein, ruft einer, die Buchstaben
da lügen, es ist die Chiffersprache eines gefährlichen Geheimnisses! — Endlich
findet sich in der Minorität des Areo-
pag's ein Weiser, der sich an die wirkliche Übersetzung einzelner Stellen wagt,
und nun die grofse Entdeckung macht:
der Brief enthalte keinen antirevoluzionai-
ren Verschwörungsplan; aber — freilich,
die philosophische Sprache darin sei neu,

der Sinn nicht recht verständlich, und die Begriffe ein wenig dunkel. — Der Brief, an dessen Inhalt so viel grofse Köpfe gescheitert waren, ward nun wieder versiegelt, und an seinen Mann gesandt.

———

Gemeingeist, und Geist des Tages.

Das Wort Gemeingeist ist ein tönender
Schall, ohne Begriff, in Ansehung der grofsen Masse der Bewohner von Iaris, — dieser Stadt des ewigen Widerspruchs, der
Selbstsucht, des Eigennutzes, der rauschen-
den Lust, und des fliehenden Vergnügens, —
und wie *Mercier*, zwar etwas derbe, aber
wahr, sie mir nannte, — dieses Kloaks der
Unmoralität des Volks.

Diese Seite würde also leer bleiben, wenn
ich nicht hier von einer schönen, jedes Gefühl erhebenden Ausnahme von jener Regel, — den Pariser Gelehrten, reden
könnte. Unvergefslich sind mir die Erfahrungen, die ich bei der Bekanntschaft mit vielen
edlen Menschen dieser Klasse, wo ächter Gemeingeist herrscht, gemacht habe. Von ihm
beseelt, ist unter ihnen nur ein gemeinschaftlicher Zweck zur Aufrechthaltung der Verfassung, zum Gehorsam gegen die Gesetze,
zur Ausbildung der Wissenschaften, zur Beförderung der Künste und Gewerbe. — Von

den Fünf-Männern am Staatsruder, und vielen Mitgliedern der beiden Räthe, die als Gelehrte bekannt sind, an, bis zu den Mitarbeitern an den literarischen Instituten aller Art, wovon ich künftig rede, findet man diesen Gemeinsinn unter der Klasse der Gelehrten verbreitet, und sie ist mir deswegen der bei weitem ehrwürdigste Theil der Pariser Welt. Sie, die gröfstentheils der Revoluzion die gröfsten Opfer, durch den Verlust ihres eignen, bei Vielen, sehr beträchtlichen Vermögens, ansehnlicher Pensionen vom Hofe, und andrer Gehalte, brachten, und dadurch, oft mit einer Familie, bis zum Mangelleiden an den nothwendigen Bedürfnissen, und, bei ihren damaligen Papierbesoldungen, bis zur Verzichtleistung auf alle Bequemlichkeiten und Freuden des Lebens, herabgesunken waren, und doch, bei diesem harten Glückswechsel, sich gleich blieben, und selbst, von dem Druck ihrer persönlichen und häuslichen Lage ungebeugt, und des Lebens Zufälle nicht achtend, von welchen die höhere Seele des Weisen unabhängig ist, sich durch eigne Kraft über sie emporschwangen.

Ein stiller hoher Sinn für wahre Freiheit;
ungeheuchelte Anhänglichkeit an die jetzige
Verfassung; Unterstützung jedes Mittels, das
diese erhält; jedes Guten, das die Regierung
stiftet; freiwillige uneigennützige Übernahme
der Arbeiten an gemeinnützigen Anstalten;
eifrige Mitwirkung zur Vervollkommnung
der Wissenschaften und Künste; angestreng-
tes Sinnen auf neue Erfindungen, die den
Ruhm und das Wohl des Vaterlandes befördern; — und dann, eine ächte Urbanität im
Umgange; eine zuvorkommende, gefällige
und diensteifrige Begegnung ihnen empfohl-
ner Ausländer; Achtung, auch gegeh fremdes
Verdienst: — dies ist der Umrifs des grofsen Karakters, den ich bei vielen dieser,
durch gründliche Gelehrsamkeit und durch
gesellige Tugenden, mir gleich verehrungswürdigen Männer fand. Auf das Ganze
dieser treflichen Menschenklasse, und auf
Einzelne, die durch ihren Umgang und ihre Freundschaft mir vorzüglich werth wurden, werde ich in der Folge dieser Fragmente, oft Gelegenheit finden, zurückzu-
kommen, und sie mit eben so warmer dank-
barer Erinnerung, als mit ungeheuchelter
Wahrheitsliebe ergreifen.

Sichtbar wird der Gemeingeist sonst in
Paris nicht, — und in den innern Departementern bin ich nicht gewesen. Möchte es
dort recht viele, von diesem guten Geiste be-
seelte Menschen geben! — Das wünsche ich,
weil ich das Glück des schönen Landes,
weil ich der männlichen Regierung Frankreichs Dauer, und der Konstituzion allgemeine Anhänglichkeit wünsche. Aber Eitel-
keit und Eigennutz so vieler, sind dort bit-
ter gekränkt; und das ist, bei dem gröfsten
Theile der Menschen, Lähmung der Kraft
zum Guten, und des Gemeingeistes Tod.

Über den Geist des Tages in Paris,
diesen unerschöpflichen, aber fürwahr der
Menschenwürde nicht verwandten Gegenstand, schreibt jetzt der vieljährige trefliche
Beobachter, und geistvolle Darsteller, *Mercier*, ein Buch. x) Ich hebe hier nur einige
Züge aus diesem Gemählde aus, worin das
republikanische Paris, der vormaligen Königs-
stadt, nur hie und da mit etwas anders ge-

---

x) Neues Gemählde von Paris seit der Revoluzion;
damals noch ein unvollendetes Manuskript.

stellten Gegenständen, vollkommen gleicht. —
Es ist ein grelles Gemählde des ausschweifendsten Luxus; der tiefsten Unmoralität;
der brutalen Sinnlichkeit; des unersättlichen
Hanges nach dem ewigen Wechsel der Lust.
— — Welche Aussicht für eine Republik,
deren einzige Felsenstützen die Tugend,
Reinheit und Einfalt der Sitten ihrer Bürger
sind!

Dieser Zug, den ich als Augen- und Oh-
renzeuge der Sache, hier darstellen will, betrifft die jetzige gute Gesellschaft von
Paris, oder die Klasse vielmehr, welche sich
die Gesellschaft vom guten Tone nennt, —
in der That aber die allerschlechteste Gesellschaft von dem allerschlechtesten Ton ist:
die seit der Revoluzion schnell hervorge-
wachsnen neuen Reichen, die Wucherer, die
Lieferanten der Armeen und ihre Schweife.
Diese sind es, welche jetzt in Paris, vermöge ihres, durch Agiotage, durch Raub an
der Nazion, aus den Trümmern der Finanzen Frankreichs, und des Eigenthums der
gestürzten Grofsen, zusammengerafften Reichthums, eine der ersten und ephemerisch-
glänzendsten Rollen spielen. Die Häuser

dieser Kapitalisten, ihre Landhäuser und
Gastmale, sind mit strotzender Pracht überladen. Aufgeblasener Hochmuth, grobe Ungezogenheit, ist der, die Abkunft und das
Handwerk dieser Glücksritter bezeichnende
Karakter. Der Luxus, womit diese verdor-
benen Menschen, der Nazion zum Trotze,
sich brüsten, ist um desto wahnsinniger, je
allgemeinere Aufmerksamkeit er zu erregen
sucht, und dadurch das Gericht herbei zieht,
das die Plünderer und Verschwender des
Nazional - Eigenthums einst unfehlbar tref-
fen muſs. — Und, — wird man es glauben? — gerade diese Menschen, welche der
Revoluzion alles, was sie besitzen, zu dan-
ken haben, sind, mit dem Schweif ihrer
Schmeichler und Parasiten, die ärgsten Aris-
tokraten; und wer sich Republikaner nennt,
wird von ihrer Gemeinschaft ausgeschlossen.
Dies ist nun freilich in allen sogenannten
Gesellschaften *de bon ton* in Paris der
Fall; — aber bei jenen Menschen ist diese
Erscheinung um so viel auffallender. In
den Zirkeln ihrer Häuser, wo sie die Gön-
ner spielen, erheben sie sich jeden Augenblick mit hämischem Tadel und geheimen

Spöttereien gegen die jetzige Verfassung, gegen das Verfahren der Regierung, und gegen die Personen, woraus sie besteht. *»Certaines gens,«* — werden mit verächtlichem Seitenblick diese Männer genannt, — *mauvaise compagnie,* — *des gens, qu'on ne voit pas* γ). Wer über die Direktoren, Minister und Repräsentanten, mit skandalösen Anekdoten und gallichten Späßen angezogen kommt, der ist ihr Mann. — Keine langweiligere und lästigere Unterhaltung giebt es, als die Tischgespräche bei ihren schwerbeladnen Tafeln. Da ist von nichts als von köstlichen Gerichten, von dem eminenten Talent ihrer Köche, in der Erfindung und Zubereitung neuer Schüsseln, von dem unschätzbaren Werth ihrer Weinkeller, und von der Herrlichkeit gegebner oder genossner Gastmale, die Rede. Bei jedem Gericht, — und wer vermag sie zu zählen? — sprudelt, in kristallnen Gläsern, eine neue Art von Wein. Hier erscheint

γ) Gewisse Menschen, von üblen Sitten, die man nicht bei sich sehen kann.

einer, und der Wirth schwört bei allen seinen Teufeln, es sei Hundert und funzigjäh-
riger aus dem Keller des Kurfürsten von
Mainz; — dort ein andrer, und alle seine
Parasiten schreien, Joseph der Zweite
habe Ludwig dem Sechzehnten diesen To-
kayer zum Geschenke gesandt. Bald schimpft
der Herr vom Hause, mit den gemeinsten
Scheltworten, die den Tisch belagernden
Bedienten, weil diese oder jene Schüssel
nicht an ihrem rechten Platze steht, oder
nicht der rechte Wein gebracht ist; bald
wird der Koch verwünscht, weil er ein Gericht verhunzt hat; mit zudringlichem Nöthigen zum Essen und zum Trinken, mit
Anpreisungen der Schüssel und des Weins,
wird man erstickt. — Ich zeichne hier
nach dem Leben; die häfsliche Natur dieser Gesellschaften, bieten zu dieser Skizze
die Urbilder dar. — — Ein schallendes
Gelächter bricht an jenem Ende der Tafel
aus. Wovon mag die Rede sein? — Wer
erräth es nicht? Es ist ein ekelhafter Spafs
über die Regierung Ein Gast beklagt sich,
dafs die Gassen so schmutzig sind. »*Voilà*,
antwortet ein anderer, *les cochonneries de*

monsieur le citoyen Cochon. « ₂) Nein,
ruft diesem ein Dritter entgegen, man sollte
sich nicht beklagen; die Gassen sind jetzt
reinlicher als jemals: *parce que les Cochons
mangent la merde* » ₂). — —

Hinweg aus dieser schmutzigen Gesellschaft! und hin zu einer, in Paris wenigstens, nur kleinen Zahl von stillen redlichen
Bürgern; von jeher eine sehr schätzbare
Klasse vernünftiger, gesitteter, häuslich - glück-
licher, und in ihrem beschränkten Zirkel
froher Menschen, wovon ich bei meinem ersten Aufenthalt in Paris, mehrere Familien
kennen lernte, und sie jetzt, nach zwölf ver-
flossenen Jahren, wiederfand und wiederer-
kannte. Diese edle Klasse von Menschen
lebt, bei nicht glänzenden Glücksumständen,
eingezogen und still. Die Revoluzionsstür-
me haben auch ihre Hütten erreicht, aber
sie nicht niedergeworfen. Ihre kleine Habe

---

z) Seht ihr, das sind die Schweinereien, (*cochonneries*) des Herrn Bürgers *Cochon!*

₂₂) Weil die Schweine, (*les cochons*), die Exkre-
mente fressen. —

hat·dabei gelitten, doch sind sie nicht davon entblöfst: denn ihr, von Gewinnsucht entfernter Ehrgeiz, blieb in den Grenzen ihres mäfsigen Vermögens. — Sie beruhigen sich, bei der jetzigen Lage der Dinge ; sie wünschen, mit Abscheu gegen neue Revoluzionsauftritte, der jetzigen Regierung Dauer, immer mehr Festigkeit und Vervollkommnung; sie unterstützen und befördern das Gute, das sie stiftet; sie hoffen von der Wiederkehr des Friedens, die Herstellung des innern Wohlstandes und der Staatsfinanzen, das Wiederaufblühen des Handels und der Gewerbe. — Glücklich wäre Frankreich, wenn seine Masse von Bürgern diesem kleinen Haufen redlicher Menschen gliche, und man in Rücksicht ihrer, die häufig geschehene Verwechslung der Pariser mit der ganzen Nazion, gelten lassen könnte, welche, seit der Revoluzion, so oft das Urtheil über das französische Volk verstimmt, und so mannigfaltige ungerechte Entscheidungen veranlafst hat.

T

Verschwörungen.

Ueber den Einfall einer kontrerevoluzionai-
ren Schwärmerei, die Verschwörung
Drouet's und *Baboeuf's*, welche, in Rücksicht der vorbestimmten Zeit des Ausbruchs,
sonderbar genug, mit der österreichischen
Aufkündigung des Waffenstillstandes am
Rhein, genau zusammen.traf, herrscht noch
viel ungewisse Dunkelheit. Nach den bekannt gewordenen Thatsachen zu urthei-
len, war der Plan der Verschwörer zu
wenig durchdacht und bestimmt, um, selbst
wenn er zum Ausbruche gekommen wäre,
für die jetzige Verfassung gefährlich geworden zu sein. Die Verschwörer hatten
ihren ganzen Plan auf den glücklichen
Erfolg einer Überrumpelung gesetzt, ohne
Vereinigungspunkte, so wenig in Paris selbst,
als in den Departementern, und ohne
Köpfe an ihrer Spitze zu haben, welche
der Sache einer allgemeinen Kontrerevolu-
zion gewachsen wären. *Drouet* ist ein unbedeutender, kurzsichtiger, mehr gutmüthi-

ger als gefährlicher Schwärmer; *Baboeuf*
ein Unsinniger, der mit dem Kopfe durch
die Wand fährt. — Unendlich mehr, als
diese Menschen und ihre Anhänger zu
leisten vermochten, ward zur Anlage und
zur Ausführung eines Plans erfordert, der
die jetzige wachsame und starke Regierung und die Konstituzion umstürzen sollte.

Die Einverständnisse aller neu entdeckten Verschwörungsplane mit dem Auslande, und besonders mit einem Theile der
thätigsten Emigranten, sind unleugbar. So
entgegengesetzt das Interesse der unruh-
stiftenden Anarchisten im Innern, und der
Emigranten in und ausser Frankreich auch
ist, so hoffen doch beide Parteien, durch
ihre zusammenwirkende Verbindung, eine
jede, ihren Zweck zu erreichen. Die innere Gegenpartei der jetzigen Konstituzion,
die Brut von 1793, hofft durch diese
vereinte Macht, die anarchische Revolu-
zions - Regierung wieder herzustellen, und
dann mit ihren Verbündeten ein leichtes
Spiel zu haben; diese aber sind überzeugt,
dafs die Nazion, bei ihrem Abscheu gegen
Anarchie und Schreckensregierung, diese nicht

T 2

dulden würde, und sehen, in dem baldigen Sturz der Anarchisten, die Wiedereinsetzung ihres Königes. -

Einen Vereinigungspunkt der Unruhstifter des Innern mit den Emigranten, hatte die Wachsamkeit der Regierung in einem Schweizer-Kanton entdeckt, wo, unter einem wohlbekannten Schutz, ein geheimes Korrespondenz-Büreau errichtet, und der Briefwechsel nach Frankreich in größter Thätigkeit gesetzt war. Das Geld zur künftigen Ausführung des Plans, und zu Bestechungen einer Volkspartei, ward in ausgehöhlten Wagenaxen und Deichseln hereingeschafft. Durch den Unterschleif bestechlicher Beamten, wurde die heimliche Rückkehr der Hauptagenten unter den Emigranten nach Frankreich begünstiget, und eine Menge falscher Taufscheine und Pässe zu dieser Absicht ausgefertiget. Dieser Betrug bahnte den Emigranten einen Weg nach Paris, zu mündlichen Konferenzen, und sie kehrten dann ungehindert wieder in die Schweiz zurück, oder sie gingen nach England über. Einige Kommandanten waren gewonnen. *»Il est*

à nous bb), heifst es in einem aufgefang-
nen Briefe *Condé's*, an seine Agenten
im Innern. *Ils sont bons* cc) sagt ein andrer Brief, in der lakonischen Geheimspra-
che, über einige Grenzbeamte. — Das
alles sind keine politische Phantome, welche man selbst in Paris, um die Ener-
gie und Wachsamkeit der Regierung her-
abzuwürdigen, ihr als Erdichtungen zu-
schreibt: ich sah die Originalbelege dieser Thatsachen an der Quelle selbst. —
Der gestörte Verschwörungsplan, welcher
bei dieser entdeckten Korrespondenz zum
Grunde lag, sollte im Februar 1796 aus-
brechen. Jene Entdeckung selbst aber ward
unterdrückt, und blofs die Polizei nahm
ihre starken Mafsregeln, und verdoppelte
ihre Wachsamkeit.

Bei der Enthüllung der Verschwörung
Drouet's und seiner Mitschuldigen, fand
man mehrere hundert - tausend Abdrücke
einer Proklamazion, die mit dem nicht

---

bb) **Unser ist er.**

cc) **Sie sind gut.**

unzweideutigen Ausruf: *Les tyrans ne sont plus* dd) anfing; rothe Fahnen, mit der Inschrift: *Peuple, reprends tes droits!* ee) — Die Verschwörer versammelten sich täglich, jedesmal nur eine Stunde, und in einem andern Hause, bald im Mittelpunkte der Stadt, bald in dieser, bald in jener Vorstadt, um durch diese Sprünge von einem Theile der Stadt zu einem andern weit entfernten, ihre Spur zu verstecken. Der wachsame Polizei - Minister hatte sie doch entdeckt, und folgte ihr von einem Tage zum andern. Er wufste den Tag und die Stunde des projektirten Ausbruchs der Revolte. Die Glocke, womit beim Anbruche jedes Tages ein Polizeidiener in allen Sekzionen das gewöhnliche Zeichen zur Wegräumung des Gassenunraths giebt, war zum Signal des Ausbruchs bestimmt, und sollte die Mitverschwornen auf ihren Posten rufen; und das war, bei der unfehlbaren Allgemeinheit dieses Zeichens, wodurch al-

---

dd) Die Tyrannen sind nicht mehr.

ee) Volk, nimm deine Rechte wieder!

so die Polizei selbst, unwillkührlich, den von
den Verschwörern beabsichtigten Umsturz
der Regierung herbeigerufen hätte, nicht
übel berechnet. — Bei der Karakteristik
des Ministers *Cochon*, habe ich seinen kühnen, aber von dem Direktorium, nicht be-
willigten Plan, um sich aller Theilhaber
des Komplotts zu bemächtigen, mitgetheilt.

Der Eindruck, den die Entdeckung dieser Verschwörung in Paris selbst hervor-
brachte, war unbedeutend, und viel geringer als selbst im Auslande, und als man
sich dort von Paris einbildete. Die ungeheure Größe der Stadt, wo man in dem
einen Theil, auch den lärmendsten Auflauf,
der in einem andern vorgeht, oft erst aus
den Zeitungen erfährt; der Leichtsinn der
Pariser; die Gleichgültigkeit des einen, und
die Ungläubigkeit des andern Theils des,
aller solchen Auftritte herzlich überdrüßigen
Volks; und die Beruhigung des stillen Bürgers, bei den starken Maßregeln der Regierung gegen die Ruhestörer, sind die Ursachen der geringen Sensazion, welche die
ganze Sache in Paris machte. Man las und
hörte davon, als von einer gewöhnlichen Ta-

gesneuigkeit, und in wenig Tagen war gar
nicht mehr davon die Rede. Die Kolporteure der Zeitungen allein, schrien die Nachrichten der weitern Entwickelung des Ver-
schwörungsplans aus, und die Zeitungsblätter, welche diese enthielten, wurden in den
Kaffeehäusern entweder ganz überschlagen,
oder nur mit flüchtigem Blicke gemustert.

Die vorläufigen Stimmen über *Drouet's*
Strafe, waren sehr getheilt. Er würde wahrscheinlich zur Deportazion verurtheilt worden
sein, — wenn man ihm, mit noch gröfsrer
Mäisigung, weil der Schwärmer für unschäd-
lich gehalten ward, in seinem Gefängnisse,
nicht vielleicht selbst eine Öffnung zur Flucht
gelassen hätte.

Bei der anscheinend strengen Mafsregel
des Direktoriums, nach der entdeckten Verschwörung, alle vormaligen Mitglieder der
revoluzionairen Ausschüsse und Gerichte,.
und auch alle Fremden aus Paris zu entfernen, war es, in Rücksicht des Exils der letztern, vielleicht nur auf mehrere Hundert ver-
dächtiger und intriguanter Menschen angesehen, welche unter verschiedenen Masken
in Paris lebten. Dahin gehörten unter an-

dern eine Menge Engländer, die sich alle für
Amerikaner ausgaben. Auf diese ging besonders das Verbannungsdekret, welches so
viele ruhige Fremde mit traf. »Was ist zu
thun? antwortete mir *Sieyes*, als ich gerade
an dem Tage, da das Dekret gegeben ward,
zu ihm kam, und über die harte Maſsregel
sprach: — einige Schurken haben sie ver-
anlaſst, und viele ehrliche Leute leiden darunter.« — Das Gesetz ward anfangs mit
Strenge vollzogen. , Der erste Schrecken
wirkte; die sich schuldig fühlten, entflohen,
und ein groſser Theil unbefangner Fremden,
verlieſs Paris, aus Furcht, arretirt zu werden. Acht Tage nach der Bekanntmachung
des Gesetzes, hatten sich in dem Büreau des
Polizei - Ministers, und bei dem Direktorium selbst, zwei und sechzigtausend Fremde, mit der Bitte, von dem Gesetz ausgenommen zu werden, und in Paris bleiben
zu dürfen, gemeldet; aber nicht der zehnte
Theil von diesen Sollizitanten, deren Anliegen genau untersucht ward, hatte eine be-
jahende Antwort erhalten. Wer sie bekam,
verfügte sich, mit einem Vorschreiben des
Ministerial- an das Zentral-Büreau von Pa-

ris, wo die Fremdenkarte mit einem *Bon,
pour rester à Paris.* versehen ward. — Dieses Zentralbüreau sandte an alle, in Paris
zurückgebliebene Ausländer, nach einer al-
phabetischen Liste, die bei dem Büreau
über alle Fremden gehalten wird, jedem,
ohne Ausnahme, einen gedruckten Brief, mit
seinem ausgefüllten Namen, zu, worin er,
unter Androhung der in dem Gesetze bestimmten Strafe der Deportazion, erinnert
ward, dem Gesetze zu gehorchen, und sich
aus Paris zu entfernen. — Ich erhielt durch
den Minister der auswärtigen Angelegenheiten, ohne weitere Untersuchung, die Erlaub-
niſs des Direktoriums, in Paris bleiben zu
dürfen. — Die dringendsten Verwendun-
gen der auswärtigen Gesandten für diesen
oder jenen Fremden, wurden oft abgeschla-
gen. Denen, die sonst als unverdächtig er-
kannt waren, aber aus andern Ursachen von
dem Gesetze nicht ausgenommen werden
konnten, ward ihre baldige Rückkehr dadurch unter der Hand erleichtert, daſs sie
aus dem, zehn französische Meilen von Paris
entfernten Orte des Exils, eine Bescheinigung
ihres dortigen Aufenthalts einiger Tage, von

der Munizipalität nach Paris brachten; worauf sie dann, ohne weitre Schwierigkeiten, wieder aufgenommen wurden.

Viele Fremden geriethen bei dieser Gelegenheit, in die schmutzigen Hände einer eignen Klasse von Beutelschneidern, eines Ungeziefers, das sich in Paris auf die Haut jedes ehrlichen Mannes setzt, und besonders auf alle ankommende Fremden lauert, welche Geschäfte mit der Regierung zu betreiben haben, um ihnen Geld abzunehmen. Ehe diese Fremden das Land kennen lernen, und durch persönliche nähere Bekanntschaft mit den Direktoren und ihren Ministern, die Offenheit der edlen Männer in Geschäftsverhandlungen erfahren, drängen sich diese betrügerischen Buben an sie, um, durch Vorspiegelung ihres Einflusses bei der Regierung, ihren Fang zu machen. Bei dem Fremdendekret fanden sie eine reiche Erndte. In Vorausbezahlungen, wie sich das von selbst verstand, nahmen sie vielen gutmüthigen Fremden ihre vorherbedungnen Taxen ab, und versprachen dafür, durch ihren persönlichen Einfluß bei den Direktoren und Ministern, ihnen die Erlaubniß, in Paris zu

bleiben, zu verschaffen. — Diese aber erfolgte nicht, und die Betrüger verschwanden.

Um diesem Unwesen zu steuern, ward
der Direktor *Carnot* bewogen, gewissen Menschen, die sich damals eines Einflusses auf
ihn zu rühmen wagten, mit edlem Unwillen,
in einem offiziellen Blatt, öffentlich zu wider-
sprechen. — Ehre dem Manne, welcher in
dem, ihm von der Nazion anvertrauten erhabenen Staatsamte, mit dieser redlichen Offenheit handelt!